Edward F. Edinger · Schöpferisches Bewußtwerden

Edward F. Edinger

Schöpferisches Bewußtwerden

C. G. Jungs Mythos für den modernen Menschen

Kösel

Übersetzung aus dem Amerikanischen: Helga Saefkow, Zürich. Die Originalausgabe erschien unter dem Titel »The Creation of Consciousness. Jung's Myth for Modern Man« bei Inner City Books, Toronto.

CIP-Kurztitelaufnahme der Deutschen Bibliothek

Edinger, Edward F.:
Schöpferisches Bewußtwerden : C. G. Jungs Mythos für d. modernen Menschen / Edward F. Edinger. [Übers. aus d. Amerikan.: Helga Saefkow]. – München : Kösel, 1986.
Einheitssacht.: The creation of consciousness <dt.>
ISBN 3-466-34131-0

Gesamtherstellung: Kösel, Kempten.
Umschlag: Günther Oberhauser, München, unter Verwendung eines Fotos von Burkhard Bartel, Simmozheim.
ISBN 3-466-34131-0

Inhalt

Ohne prophetische Vision
verwildert das Volk
(Sprüche 29,18)

1 Der neue Mythos

> Wer es erfahren hat ... wird ... den Mythos von der notwendigen Menschwerdung Gottes ... als schöpferische Auseinandersetzung des Menschen mit den Gegensätzen und ihre Synthese im Selbst, der Ganzheit seiner Persönlichkeit, verstehen ... Das ist das Ziel ..., das den Menschen sinnvoll der Schöpfung einordnet und damit auch dieser Sinn verleiht.
> C. G. Jung
> (Aus: *Erinnerungen, Träume, Gedanken.*)

Geschichte und Anthropologie lehren uns, daß eine menschliche Gemeinschaft nicht lange überleben kann, wenn ihre Mitglieder psychologisch nicht in einem zentralen, lebendigen Mythos geborgen sind. Aus einem solchen Mythos empfängt das Individuum Daseinssinn. Er gibt Antworten auf die letzten Fragen menschlicher Existenz, die auch die am höchsten entwickelten und zur Unterscheidung fähigsten Glieder der Gesellschaft befriedigen können. Nur wenn die schöpferische intellektuelle Minderheit sich mit dem maßgebenden Mythos in Übereinstimmung befindet, werden die übrigen Schichten der Gesellschaft ihrem Vorbild folgen, und dieserart könnte ihnen sogar die direkte Konfrontation mit der Schicksalsfrage nach dem Sinn des Lebens erspart bleiben.

Für achtsame Menschen ist es evident, daß die westliche Gesellschaft keinen lebensfähigen, funktionierenden Mythos mehr besitzt. Tatsächlich nähern sich alle größeren Weltkulturen mehr oder weniger einem Zustand der Mythoslosigkeit. Der Zusammenbruch eines zentralen Mythos kommt jedoch der Zerstörung eines Gefäßes gleich, das eine kostbare Essenz enthielt; die Flüssigkeit ist verschüttet worden und versickert, aufgesaugt von der sie umgebenden undifferenzierten Materie. Sinn ist verlorengegangen. An seiner Stelle sind primitive und atavistische Inhalte reaktiviert. Differenzierte Werte verschwinden und werden durch die elementaren Motivationen von Macht und Genuß ersetzt; oder aber das Individuum ist der Leere und der Verzweiflung ausgesetzt. Mit dem Verlust der Kenntnis einer transpersonalen Wirklichkeit (Gott) ergreifen innere und äußere Anarchien konkurrierender persönlicher Begehren vom Individuum Besitz.

Der Verlust eines zentralen Mythos bringt eine wahrhaft apokalyptische Verfassung mit sich, und dies ist der Zustand des modernen Menschen. Unsere Dichter haben diese Tatsache schon lange erkannt. Yeats gab ihr reinen Ausdruck in seinem Gedicht »Der Jüngste Tag«:

> Kreisend und kreisend in immer weiterem Bogen
> Entschwindet der Falke dem Ruf des Falkeniers.
> Alles fällt auseinander, die Mitte hält nicht mehr;
> Bare Anarchie bricht aus über die Welt.
> Blutgeblendete Strömungen sind losgelassen.
> Allenthalben
> wird der heilige Vorgang der Unschuld überschwemmt.
> Den Besten erlahmt der Glaube, und die Schlimmsten
> Sind voll von leidenschaftlicher Heftigkeit.
>
> Sicherlich steht eine Offenbarung bevor,
> Sicherlich steht der Jüngste Tag bevor.
>
> Der Jüngste Tag! Kaum sind die Worte entschlüpft,
> Ist meine Sicht verstört von einem ungeheuren Bild,
> Ausspiegelung des *Spiritus Mundi:*
> Irgendwo im Wüstensand nähert sich

Die Gestalt eines Löwenleibs mit dem Kopf eines
 Menschen,
Einen Blick, blank und mitleidlos wie die Sonne,
Bewegt ihre lässigen Schenkel, umschwungen
Von dem Schatten der zornigen Wüstenvögel.
Langsam senkt sich die Dunkelheit wieder.
Doch jetzt weiß ich: zwei Jahrtausende steinernen Schlafes
sind aufgerührt zu Albtraum durch eine schaukelnde Wiege:

Welche wüste Bestie, deren Stunde nun gekommen ist,
Schlampt gegen Bethlehem in ihre Geburt?[1]

Es ist erstaunlich, wie prägnant dieses Gedicht, erstmals veröffentlicht 1921, die Hauptthemen des gegenwärtigen Zustands der Kollektivpsyche trifft. Der magische Kreis unseres Mandalas ist entzweigebrochen und sein Sinn entwichen. Das Falken-Ego hat die Verbindung mit seinem Schöpfer verloren und dabei primitive Ebenen des Unbewußten aus der Kontrolle entlassen. Das nachfolgende Chaos ruft als Kompensation die Geburt einer neuen zentralen psychischen Dominante hervor. Welche wird es sein? Der Antichrist? Die Anspielung auf die Sphinx deutet darauf hin, daß wir uns noch einmal dem Rätsel der Sphinx stellen und uns ernsthaft fragen müssen: »Was ist der Sinn des Lebens?«

Der Verlust des uns bergenden Mythos stellt die Wurzel unserer gegenwärtigen individuellen und sozialen Notlage dar, und einzig die Entdeckung eines neuen zentralen Mythos vermag das Problem für das Individuum und für die Gesellschaft zu lösen. Daß ein neuer Mythos tatsächlich im Werden ist, dessen war C. G. Jung sich voll bewußt. Ein Jungscher Analytiker hatte einst folgenden Traum:

Ein riesiger Tempel von unermeßlichen Dimensionen war im Prozeß des Entstehens. Soweit ich sehen konnte – vor mir, hinter mir, rechts und links von mir –, waren unzählige Menschen damit beschäftigt, gigantische Pfeiler zu errichten. Auch ich baute an einem Pfeiler. Der gesamte Bauprozeß war noch in seinen Anfängen, aber das Fundament war schon da, der Rest des Gebäudes im Entstehen, und ich und viele andere arbeiteten daran.

Als man Jung den Traum erzählte, äußerte er: »Ja, wissen Sie, das ist der Tempel, an dem wir alle bauen. Wir kennen die Leute nicht; denn, glauben Sie mir, sie bauen in Indien und China, in Rußland und überall in der Welt. Das ist die neue Religion. Wie lange, denken Sie, wird der Bau dauern? ... ungefähr sechshundert Jahre.«[2]
Jung hat als Erster das Problem des modernen Menschen als Mythoslosigkeit charakterisiert. Wie bei so vielen seiner Entdeckungen fand er es zuerst in sich selbst. In *Erinnerungen, Träume, Gedanken* beschreibt er, wie er nach der Veröffentlichung von *Wandlungen und Symbole der Libido* 1912[3] einen Moment ungewöhnlicher Klarheit hatte:

»Jetzt besitzest du einen Schlüssel zur Mythologie und hast die Möglichkeit, alle Tore zur unbewußten menschlichen Psyche zu öffnen.« Aber da flüsterte es in mir: »Warum alle Tore öffnen?« Und schon tauchte die Frage auf, was ich denn eigentlich zuwege gebracht hätte. Ich hatte die Mythen vergangener Völker erklärt, ich hatte ein Buch über den Helden geschrieben, über den Mythus, in dem der Mensch seit jeher lebte. »Aber in welchem Mythus lebt der Mensch heute?« – »Im christlichen Mythus, könnte man sagen.« – »Lebst *du* in ihm?« fragte es in mir. »Wenn ich ehrlich sein soll, nein! Es ist nicht der Mythus, in dem ich lebe.« – »Dann haben wir keinen Mythus mehr?« – »Nein, offenbar haben wir keinen Mythus mehr.« – »Aber was ist denn dein Mythus? Der Mythus, in dem du lebst?« – Da wurde es unangenehm, und ich hörte auf zu denken. Ich war an eine Grenze gekommen.[4]

Jung fand seinen Mythos später. Dieses Buch beruht auf folgender These: so wie Jungs Entdeckung seiner eigenen Mythoslosigkeit mit der mythoslosen Verfassung der modernen Gesellschaft einherging, wird sich die Entdeckung seines individuellen Mythos als das erste Auftauchen unseres neuen kollektiven Mythos herausstellen. Es ist meine Überzeugung, daß es im Gewinnen einer historischen Perspektive evident werden wird, daß Jung ein bahnbrechender Mann gewesen ist, ich meine ein Mann, dessen Leben ein neues Zeitalter in der Kulturgeschichte einleitete.

Der bahnbrechende Mensch ist der erste, der einen neuen Seinsmodus erfährt und voll artikuliert. Sein Leben erhält objektive, unpersönliche Bedeutung. Es wird zu einem Paradigma, zum urbildlichen Leben eines neuen Zeitalters und damit beispielhaft. Jung war sich dieser Tatsache in bezug auf sein eigenes Leben bewußt. Im Bericht über seine Auseinandersetzung mit dem Unbewußten schreibt er: »Damit hat es angefangen, daß ich nicht mehr nur mir selbst gehören durfte. Von da an gehörte mein Leben der Allgemeinheit.«[5]

Die Tatsache, daß Jungs persönliches Leben wirklich der Allgemeinheit gehörte, wird durch die unheimliche Gleichzeitigkeit der kritischen Episoden seines inneren Lebens mit den kollektiven Krisen westlicher Zivilisation veranschaulicht. Seine erste große Auseinandersetzung mit dem Unbewußten ereignete sich gleichzeitig mit der kollektiven Katastrophe des Ersten Weltkrieges.[6] Während die christlichen Nationen der westlichen Welt von 1914 bis 1918 in einen brutalen äußeren Konflikt verwickelt waren, hat Jung das innere Äquivalent des Weltkrieges erlitten und der Umwälzung des kollektiven Unbewußten standgehalten. William James hatte zu einem »moralischen Äquivalent zum Krieg«[7] aufgerufen. Jung erreichte ein psychologisches Äquivalent zum Krieg, in dem sich der Konflikt zwischen den Gegensätzen in der individuellen Psyche abspielte. Auch während des Zweiten Weltkrieges hatte Jung seine überragende Offenbarung des Unbewußten, seine Visionen der *coniunctio* zur Zeit seiner kritischen Krankheit 1944.[8] Jungs Rekonvaleszenz begann am Tag der Landung der Alliierten in der Normandie (6. Juni 1944), während er noch immer im Krankenhaus lag.[9]

Fast alle wichtigen Episoden in Jungs Leben können als paradigmatisch für den neuen Seinsmodus angesehen werden als Folge davon, daß hier ein neuer Mythos gelebt wurde. Dies ist nicht der Ort, Jungs Leben als Paradigma eines neuen Lebens zu untersuchen, statt dessen müssen wir die Natur des neuen Mythos, den er entdeckte und der ihn aus seiner mythoslosen Verfassung erlöste, in Betracht ziehen.

Einen flüchtigen Eindruck seines neuen Mythos erhielt Jung während seines Besuchs bei den Pueblo-Indianern im Südwesten der Vereinigten Staaten anfangs 1925. Es gelang ihm, das Vertrauen von Ochwiä Biano (Gebirgs-See), einem Häuptling der Taos Pueblos zu gewinnen. In *Erinnerungen, Träume, Gedanken* beschreibt Jung sein Gespräch mit Ochwiä Biano:

(Ochwiä Biano sagte): »Die Amerikaner wollen unsere Religion verbieten. Warum können sie uns nicht in Ruhe lassen? Was wir tun, tun wir doch nicht nur für uns, sondern auch für die Amerikaner. Ja, wir tun es für die ganze Welt. Es kommt ja allen zugute.«

Ich merkte an seiner Erregung, daß er offenbar auf etwas sehr Wichtiges in seiner Religion anspielte. Ich fragte ihn deshalb: »Meint ihr, daß das, was ihr in eurer Religion tut, der ganzen Welt zugute kommt?« Er antwortete mit großer Lebhaftigkeit: »Natürlich, wenn wir das nicht täten, was müßte dann aus der Welt werden?« Und mit einer andeutungsvollen Geste zeigte der Sprecher auf die Sonne.

Ich fühlte, daß wir hier auf ein sehr heikles Gebiet kamen, das an die Mysterien des Stammes grenzte. »Wir sind doch ein Volk«, sagte er, »das auf dem Dach der Welt wohnt, wir sind die Söhne des Vaters Sonne, und mit unserer Religion helfen wir unserem Vater täglich, über den Himmel zu gehen. Wir tun dies nicht nur für uns, sondern für die ganze Welt. Wenn wir unsere Religion

nicht mehr ausüben können, dann wird bis in zehn Jahren die Sonne nicht mehr aufgehen. Dann wird es für immer Nacht werden.«
Da wurde mir deutlich, worauf die »Würde«, die gelassene Selbstverständlichkeit des einzelnen Mannes, beruhte: Er ist der Sonnensohn, sein Leben ist kosmologisch sinnvoll, hilft er doch dem Vater und Erhalter allen Lebens in seinem tagtäglichen Auf- und Abstieg.[10]

Dieser Glaube der Pueblos, daß sie ihrem Vater, der Sonne, täglich aufzugehen helfen, um die Reise über den Himmel antreten zu können, entpuppt sich als primitive, naive Version von Jungs neuem Mythos. Im Herbst desselben Jahres hatte Jung während seiner Reisen in Afrika eine weitere Erfahrung, welche die Formulierung des Mythos klarer kristallisierte. Jung schreibt:

Von Nairobi aus besuchten wir mit einem kleinen Fordwagen die Athi Plains, ein großes Wildreservat. Auf einem niedrigen Hügel in dieser weiten Savanne erwartete uns eine Aussicht sondergleichen. Bis an den fernsten Horizont sahen wir riesige Tierherden: Gazellen, Antilopen, Gnus, Zebras, Warzenschweine usw. Langsam strömend, grasend, die Köpfe nickend bewegten sich die Herden – kaum daß man den melancholischen Laut eines Raubvogels vernahm. Es war die Stille des ewigen Anfangs, die Welt, wie sie immer schon gewesen, im Zustand des Nicht-Seins; denn bis vor kurzem war niemand vorhanden, der wußte, daß es »diese Welt« war. Ich entfernte mich von meinen Begleitern, bis ich sie nicht mehr sah und das Gefühl hatte, allein zu sein. Da war ich nun der erste Mensch, der erkannte, daß dies die Welt war und sie durch sein Wissen in diesem Augenblick erst wirklich erschaffen hatte.
Hier wurde mir die kosmische Bedeutung des Bewußtseins überwältigend klar... »Was die Natur unvollständig läßt, vervollständigt die Kunst«, heißt es in der Alchemie. Der Mensch, ich, gab der Welt in unsichtbarem Schöpferakt erst die Vollendung, das objektive Sein. Man hat diesen Akt dem Schöpfer allein zugeschrieben und nicht bedacht, daß wir damit Leben und Sein

als eine auskalkulierte Maschine ansehen, die sinnlos, mitsamt der menschlichen Psyche, nach vorbekannten und -bestimmten Regeln weiterläuft. In einer solchen trostlosen Uhrwerkphantasie gibt es kein Drama von Mensch, Welt und Gott; keinen »neuen Tag«, der zu »neuen Ufern« führt, sondern nur die Öde errechneter Abläufe. Mein alter Pueblo-Freund kam mir in den Sinn: er glaubte, daß die *raison d'être* seiner Pueblos die Aufgabe sei, ihrem Vater, der Sonne, täglich über den Himmel zu helfen. Ich hatte sie um dieser Sinnerfülltheit willen beneidet und mich ohne Hoffnung nach unserem eigenen Mythus umgeschaut. Jetzt wußte ich ihn und dazu noch mehr: der Mensch ist unerläßlich zur Vollendung der Schöpfung, ja er ist der zweite Weltschöpfer selber, welcher der Welt erst das objektive Sein gibt, ohne das sie ungehört, ungesehen, lautlos fressend, gebärend, sterbend, köpfenickend durch Hunderte von Jahrmillionen in der tiefsten Nacht des Nicht-Seins zu einem unbestimmten Ende hin ablaufen würde. Menschliches Bewußtsein erst hat objektives Sein und den Sinn geschaffen, und dadurch hat der Mensch seine im großen Seinsprozeß unerläßliche Stellung gefunden.[11]

In *Antwort auf Hiob* faßt er es prägnanter: »Gültig ist das Sein natürlich nur, sofern es jemandem bewußt ist. Darum bedarf ja der Schöpfer des bewußten Menschen, obschon er diesen, aus Unbewußtheit, am Bewußtwerden lieber verhindern möchte.«[12] Und später: »Wer Gott erkennt, wirkt auf ihn.«[13] In seiner Autobiographie schreibt er:

»Die Aufgabe des Menschen ..., wäre, sich dessen, was vom Unbewußten her andrängt, bewußt zu werden, anstatt darüber unbewußt oder damit identisch zu bleiben. In beiden Fällen würde er seiner Bestimmung, Bewußtsein zu schaffen, untreu. Soweit wir zu erkennen vermögen, ist es der einzige Sinn der menschlichen Existenz, ein Licht anzuzünden in der Finsternis des bloßen Seins. Es ist sogar anzunehmen, daß, wie das Unbewußte auf uns wirkt, so auch die Vermehrung unseres Bewußtseins auf das Unbewußte.«[14]

Und schließlich:

»Wer (die Vereinigung der Gegensätze) erfahren hat, ... dem wird die Ambivalenz im Bild eines Natur- und Schöpfergottes keine Schwierigkeiten verursachen. Er wird im Gegenteil den Mythus von der notwendigen Menschwerdung Gottes, der essentiellen christlichen Botschaft, als schöpferische Auseinandersetzung des Menschen mit den Gegensätzen und ihre Synthese im Selbst, der Ganzheit seiner Persönlichkeit, verstehen. Die notwendigen inneren Gegensätze im Bilde eines Schöpfergottes können in der Einheit und Ganzheit des Selbst versöhnt werden als *coniunctio oppositorum* der Alchemisten oder als *unio mystica*. In der Erfahrung des Selbst wird nicht mehr, wie früher, der Gegensatz »Gott und Mensch« überbrückt, sondern der Gegensatz im Gottesbild. Das ist der Sinn des »Gottesdienstes«, d. h. des Dienstes, den der Mensch Gott leisten kann, daß Licht aus der Finsternis entstehe, daß der Schöpfer Seiner Schöpfung und der Mensch seiner selbst bewußt werde.
Das ist das Ziel oder ein Ziel, das den Menschen sinnvoll der Schöpfung einordnet und damit auch dieser Sinn verleiht. Es ist ein erklärender Mythus, der langsam im Lauf der Jahrzehnte in mir gewachsen ist. Es ist ein Ziel, das ich erkennen und würdigen kann, und das mich deshalb befriedigt.«[15]

Dies sind die bedeutendsten Aussagen, die Jung in bezug auf den entstehenden neuen Mythos machte. Für viele, besonders jene ohne persönliche Erfahrung des Unbewußten, mögen diese Aussagen schwer verständlich sein. Der Rest dieses Kapitels wird im Bemühen bestehen, den neuen Mythos etwas verständlicher zu machen. Der wesentlich neue Gedanke darin ist, daß der *Sinn menschlichen Lebens in der Erschaffung von Bewußtsein* besteht. Das Schlüsselwort ist »Bewußtsein«. Unglücklicherweise ist es aber fast unmöglich, die empirische Bedeutung dieses Begriffs abstrakt zu vermitteln. Wie alle fundamentalen Aspekte der Psyche transzendiert er die Reichweite des Intellekts. Eine indirekte, symbolische Annäherung ist daher erforderlich.
Ich behandle den Begriff des Bewußtseins im nächsten Kapitel

umfassender. Dort werde ich die Etymologie dieses Begriffs erklären (Seite 37). Aus ihr wird ersichtlich, daß Wissen und Gewissen verwandt sind und daß die Erfahrung von Bewußtsein aus zwei Faktoren besteht, nämlich »erkennen« und »miteinander«, d. h. erkennen in Gegenwart eines »anderen« im Rahmen einer Zweiersituation. Symbolisch gesehen, verweist die Zahl zwei auf die Gegensätze. Wir folgern daraus, daß Bewußtsein irgendwie aus der Erfahrung der Gegensätze geboren wird. Wie wir sehen werden, kommen wir auch zum gleichen Schluß auf anderem Wege.

Unter Bewußtsein verstehe ich eine Substanz, eine psychische Materie, die normalerweise, aber nicht immer, unsichtbar und den Sinnen unfaßbar ist. Das Problem betrifft das Verständnis der Worte *»Psyche«* und *»psychisch«*. Solange jemand die Wirklichkeit der Psyche nicht erfahren hat, kann er der Diskussion nicht weiter folgen. Besitzt man jedoch die Erfahrung der psychischen Wirklichkeit, kann man die Vorstellung einer psychischen *Substanz* begreifen. Alle psychischen Inhalte weisen sozusagen Substanz auf, wenn sie als objektiv wirklich erfahren werden. Was aber unterscheidet dann die psychische Substanz von Bewußtsein? Bewußtsein ist psychische Substanz, die mit einem Ich verbunden ist. Oder, präzise formuliert, psychische Inhalte, die potentielle Entitäten sind, werden aktualisiert und substantiell, wenn sie die Verbindung zu einem Ich herstellen, d. h. wenn sie in die bewußte Wahrnehmung eines Individuums eintreten und so zu einem akzeptierten Gegenstand persönlicher Verantwortung für das Individuum werden.

Den Prozeß, durch den eine Serie psychischer Inhalte – Komplexe und archetypische Symbole – Verbindung zu einem Ich herstellen und dadurch die psychische Substanz des Bewußtseins erzeugen, bezeichnet man als *Prozeß der Individuation*. Das charakteristischste Merkmal dieses Prozesses ist der Zusammenstoß der Gegensätze, am Beginn erfahren als das Ich und das Unbewußte, Ich und Nicht-Ich, Subjekt und Objekt, Ich und der »andere«. Wenn immer also der Konflikt zwischen widersprechenden Einstellungen erfahren wird, oder wenn ein persönlicher Wunsch oder eine Vorstellung von einem »anderen«, entweder von innen oder außen, angefochten werden, besteht die Möglichkeit einer erneuten Zunahme von Bewußtsein.

Erfahrungen von innerem oder äußerem Konflikt, welche schöpferisch gelöst werden und von einem Gefühl der Befriedigung und Lebenssteigerung begleitet sind, stellen Beispiele der Schaffung von Bewußtsein dar. Solche Zusammenstöße, vorsätzlich gesucht und systematisch reflektiert, sind ein wesentliches Charakteristikum des Individuationsprozesses, der kontinuierliche *Auseinandersetzung* bedeutet oder ein Sich-Einigen mit Inhalten, die »anders« oder gegensätzlich zum Ich stehen. In der Alchemie wird der Stein der Weisen als Mittler zwischen den Gegensätzen beschrieben. Ein Text, in dem der Stein weibliche Qualität besitzt, lautet:

> Ich bin die Mittlerin zwischen den Elementen, die eines mit dem andern versöhnt; was warm ist, kühle ich ab; was trocken ist, mache ich feucht; was hart ist, weiche ich auf und umgekehrt. Ich bin das Ende, und mein Geliebter ist der Anfang; ich bin das ganze Werk, und die Wissenschaft liegt in mir verborgen.[16]

Psychologisch verstanden sagt der Text aus, daß wir im Prozeß der Schaffung von Bewußtsein zuerst zwischen gegensätzlichen Stimmungen und Einstellungen hin- und hergeworfen sind. Immer wenn das Ich sich mit einer Seite des Gegensatzpaares identifiziert, wird uns das Unbewußte mit seinem Gegensatz entgegentreten. Auf diese Weise wird das Individuum stufenweise fähig, gegensätzliche Standpunkte gleichzeitig zu erfahren. Mit dieser Fähigkeit ist, alchemistisch ausgedrückt, der Stein der Weisen geboren, d. h. Bewußtsein geschaffen. Der Stein der Weisen wird oft als Produkt der *coniunctio* von Sonne und Mond beschrieben. In der Psychologie wird die Sonne der bewußten Psyche zugeordnet und der Mond dem Unbewußten. Deshalb sagt Jung: »Die Bewußtwerdung eines unbewußten Inhalts bedeutet dessen Integration in die bewußte Psyche, also eine *coniunctio Solis et Lunae*.«[17]

Eine Anzahl mythischer und symbolischer Vorstellungen kann jetzt als Hinweis auf die Schaffung von Bewußtsein gesehen werden. Nicht nur die gnostische Idee des Lichts, das in der Dunkelheit verstreut ist und mühsam eingesammelt werden muß, ist hier relevant, ebenso das große manichäische Symbol des Zodiak als riesiges Wasserrad, das unter die Erde taucht und das in der Natur gefangene Licht mit seinen zwölf Eimern einsammelt und zu Mond und Sonne befördert.[18] Die Kabbala von Isaak Luria enthält tiefsinnige Symbolik desselben Charakters. Nach diesem System goß Gott am Beginn seiner Schöpfung sein göttliches Licht in Schalen oder Gefäße, aber einige der Gefäße konnten der Einwirkung des Lichtes nicht standhalten. Sie zerbrachen und das Licht zerfloß. Die Rettung der Welt bedarf des Einsammelns des Lichtes und der Wiederherstellung der zerbrochenen Gefäße.[19]

Die hervorragendste Symbolik in bezug auf die Erschaffung von Bewußtsein findet sich in der Alchemie. Obwohl die Texte verwirrend sind und obskur, ist doch die grundlegende Vorstellung der Alchemie recht einfach. Der Alchemist muß das rechte Material gefunden haben, die *prima materia,* um beginnen zu können. Im alchemistischen Gefäß muß er es einem genauen Ablauf von transformativen Wirkungen unterwerfen, und das Resultat wird die Herstellung des mysteriösen und kraftvollen Wesens sein, das er als Stein der Weisen bezeichnet. Dank Jungs tiefschürfenden Forschungen wissen wir, daß die alchemistische Prozedur den Individuationsprozeß symbolisiert und daß der Stein der Weisen die Verwirklichung des Selbst repräsentiert, d. h. die Ganzheit des Bewußtseins. Die entscheidende Eigenschaft des Steins der Weisen ist die Vereinigung der Gegensätze. Er ist das Ergebnis einer *coniunctio,* die oft durch den roten König und die weiße Königin symbolisiert ist. König und Königin stehen hier für beliebige oder alle Paare von Gegensätzen.

Der alchemistische Mythos erzählt uns, daß Bewußtsein durch die Vereinigung von Gegensätzen geschaffen wird, und dieselbe Lektion lernen wir aus den Träumen von Individuen. Zum Beispiel:

(Eine Frau träumte), sie gehe in eine unterirdische Höhle, die in Räume eingeteilt war, die Destillierapparate und andere chemische Apparate enthielten. Zwei Forscher arbeiteten am Endprozeß einer langen Reihe von Experimenten, die sie mit ihrer Hilfe erfolgreich zum Abschluß zu bringen hofften. Das Endprodukt sollten goldene Kristalle sein, die aus der Muttertinktur ausgesondert werden mußten, die aus den vielen früheren Lösungen und Destillationen gewonnen worden war. Während die Chemiker am Gefäß arbeiteten, lagen die Träumerin und ihr Liebhaber in einem angrenzenden Raum, und ihre Liebesumarmung lieferte die Energie, die zur Kristallisation der unschätzbaren goldenen Substanz notwendig war.[20]

Eine interessante Parallele zu diesem Traum findet sich in einem alchemistischen Text:

Sehet ihr nicht, der Charakter eines Menschen ist aus Seele und Leib geformt; daher müßt auch ihr diese verbinden, denn wenn die Philosophen Materie vorbereiteten und Gatten sich miteinander in gegenseitiger Liebe vereinigten, siehe da! es stieg goldenes Wasser von ihnen empor.[21]

Die goldenen Kristalle und das goldene Wasser können als Bewußtseinsessenz verstanden werden, die dem Selbst entspricht.

Im Gegensatz zur eigentlichen Bedeutung erotischer Bildersprache ist die *coniunctio* der Gegensätze im allgemeinen kein erfreulicher Prozeß. Viel öfter wird sie als eine Kreuzigung erlebt. Das Kreuz repräsentiert die Vereinigung von horizontaler und vertikaler, d. h. zwei gegensätzlich gerichteter Bewegungen. An einen solchen Konflikt genagelt zu sein, kann eine kaum noch zu ertragende Agonie bedeuten. Augustinus nimmt eine verblüffend klare Gleichsetzung der erotischen *coniunctio* mit Christi Kreuzigung vor:

Und Christus tritt hervor wie der Bräutigam aus seinem Gemach und eilt in der Vorahnung der Hochzeit ins Feld der Welt . . . er gelangte zum Ehebett des Kreuzes und festigte die Hochzeit, indem er es bestieg . . . und verband sich die Frau in ewigem Rechtsbund.[22]

Die Vereinigung der Gegensätze im Gefäß des Ich ist der wesentliche Grundzug der Schaffung von Bewußtsein. Bewußtsein ist das Dritte, das aus dem Konflikt zwischen Zwei hervorgeht; aus dem Konflikt zwischen dem Ich als Subjekt und dem Ich als Objekt, dem Ich als aktiv Handelndem und dem Ich als passiv Erleidendem, dem Ich als lobenswert und gut und dem Ich als verdammenswert und schlecht, aus einem Konflikt sich gegenseitig ausschließender Pflichten; aus solchen paralysierenden Konflikten kann der dritte, transzendente Zustand hervorgehen, der ein neues Quantum Bewußtsein ist.

So gesehen enthüllt sich uns die Tatsache, daß die Symbolik der Trinität psychologisch auf die Erschaffung von Bewußtsein verweist. Vater und Sohn, wie Gott und Mensch, sind Gegensätze, welche am Kreuz kollidieren. Der Heilige Geist als das versöhnende Dritte geht aus dem Zusammenstoß hervor, der vom Vater und vom Sohn ausgeht.[23] Folglich kann der Heilige Geist (Paraklet) nur nach dem Tode des Sohnes kommen, d. h. Bewußtsein entsteht als Frucht des Konflikts zwischen zwei. Deshalb konnte Christus sagen:

Es ist gut für euch, daß ich fortgehe. Denn wenn ich nicht fortgehe, wird der Beistand [Paraklet] nicht zu euch kommen; gehe ich aber, so werde ich ihn zu euch senden. Und wenn er kommt, wird er die Welt überführen (und aufdecken), was Sünde, Gerechtigkeit und Gericht ist [die Gegensätze und ihre Lösung]. (Joh 16,7–8)

Der Beistand ist der Heilige Geist, der »alles« lehren wird (Joh 14,26), um den Menschen in die »ganze Wahrheit« zu führen.

Psychologisch gesehen verweisen diese Aussagen auf eine Zeit, da alle individuellen Ichs potentielle Gefäße für den transpersonalen Wert des Bewußtseins sein werden. Jung faßt es in folgende Worte:

Die zukünftige Einwohnung des Heiligen Geistes im Menschen bedeutet so viel wie eine fortschreitende Inkarnation Gottes. Christus als der gezeugte Gottessohn und als präexistenter Mittler ist ein Erstling und ein göttliches Paradigma, das gefolgt wird von weiteren Inkarnationen des Heiligen Geistes im wirklichen Menschen.[24]

Die biblischen Aussagen, den Parakleten betreffend, antizipieren somit den neuen Mythos, welcher jedes individuelle Ich als potentielles Gefäß für das Tragen transpersonalen Bewußtseins ansieht. Was der Herr von Paulus sagte, könnte letztlich für alle gelten: »Dieser ist mir ein auserwähltes Werkzeug, um meinen Namen ... zu tragen.« (Apg 9,15)

Das Bild des Ich als Gefäß führt zu der wichtigen Idee, ein *Träger von Bewußtsein* zu sein, d. h. eine Inkarnation von transpersonalem Sinn. Hauptsächlich zwei archetypische Gestalten haben diese Idee in der Weltkultur repräsentiert, nämlich Buddha und Christus. Wir dürfen uns glücklich nennen, zwei solche Gestalten zu besitzen. Mit zwei kommt die Möglichkeit des Vergleichs und der Objektivität. Solange nur eine Gestalt da ist, die höchsten Wert verkörpert, kann sie nur angebetet, nicht aber verstanden werden. In der Gegenwart von zwei können wir das besondere Dritte, das beiden eignet, entdecken; auf diese Weise werden Verstehen und größere Bewußtheit möglich. Was Christus und Buddha gemeinsam haben, ist die Idee, Träger von Bewußtsein zu sein. Charakteristischerweise repräsentiert das Leitbild, das sich im Westen entwickelt, den Standpunkt des Ich, während das aus dem Osten stammende vom Standpunkt des Selbst spricht. Zusammen lassen sie ein Gegensatzpaar erkennen. Der gekreuzigte Christus und der meditierende Buddha repräsentieren Bewußtsein als Agonie sowie Bewußtsein als gelassene Seligkeit – totale Annahme der Verpflichtung gegenüber der Materie auf der einen Seite und vollständige Transzendenz der Welt auf der anderen Seite. Vereinigt veranschaulichen sie die zwei Seiten des Trägers von Bewußtsein.

Bei der Vorstellung des Individuums als eines Gefäßes für Bewußtsein tritt uns das Symbol des Heiligen Grals vor Augen. Als Behälter für Christi Blut trägt der Gral die göttliche Essenz, die von Christus in Form seiner äußersten Erfahrung der Gegensätze extrahiert wurde – die *coniunctio* der Kreuzigung. In vieler Hinsicht entspricht das Blut Christi dem Heiligen Geist als Paraklet.[25] Wie der Heilige Geist im empirischen Menschen inkarniert werden muß, so hat das Blut Christi ein enthaltendes Gefäß in der Psyche des Individuums zu finden und hierbei für sich selbst einen Heiligen Gral zu schaffen.

Auf der Basis unseres sich entwickelnden Wissens über das Unbewußte hat sich das tradierte Gottesbild erweitert. Traditionellerweise wurde Gott als allmächtig und allwissend veranschaulicht. Die Göttliche Vorsehung wurde als alles führend aufgefaßt, gemäß der unerforschlichen, aber gütigen göttlichen Absicht. Das Ausmaß göttlicher *Bewußtheit* erhielt nicht viel Aufmerksamkeit. Der neue Mythos erweitert das Gottesbild, indem er ausdrücklich den zusätzlichen Grundzug der *Unbewußtheit Gottes* einführt. Seine Allmacht, Allwissenheit und göttliche Absicht sind ihm nicht immer *bewußt*. Er braucht des Menschen Fähigkeit, Ihn zu erkennen, damit Er sich selbst erkenne. Gewissermaßen zeigt dies eine erneuerte Bewußtwerdung der Wirklichkeit des weniger differenzierten, eifersüchtigen und zornigen Gottes des Alten Testaments, mit dem der Mensch rechten muß. Die göttlichen Gegensätze, die durch das Christentum in die ewigen Antagonisten, Christus und Satan, getrennt wurden, beginnen jetzt bewußt im Gefäß der modernen Psyche wiedervereinigt zu werden.

Der neue Mythos postuliert, daß das geschaffene Universum und seine auserlesenste Blüte, der Mensch, ein großes Unternehmen für die Schaffung von Bewußtsein bilden, daß jedes Individuum ein einmaliges Experiment in diesem Prozeß darstellt und daß die Gesamtsumme des von einem Individuum während seines Lebens erschaffenen Bewußtseins als bleibende Vermehrung im kollektiven Schatzhaus der archetypischen Psyche aufbewahrt wird. C. G. Jung sagte vom Psychotherapeuten:

Er müht sich ja nicht nur für diesen einzelnen, vielleicht unbedeutenden Patienten, sondern auch für sich selber und seine eigene Seele, und damit legt er ein vielleicht infinitesimales Korn auf die Waagschale der Menschheitseele. So klein und unsichtbar seine Leistung auch sein mag, es ist ein *opus magnum*.[26]

Bestimmte mythische Bilder scheinen darauf hinzuweisen, daß im persönlichen Erdenleben vollendete Aufgaben in den göttlichen oder archetypischen Bereich hinübergebracht werden. In der frühen ägyptischen Religion zum Beispiel glaubte man, daß die Toten in Sterne oder Begleiter der Sonne verwandelt würden. James Breasted schreibt:

Im Glanze des nächtlichen Himmels (sahen die Nil-Bewohner) die Schar derer, die früher auf Erden gelebt hatten. Als Vögel waren sie dort hinaufgeflogen, über alle feindlichen Unholde sich aufschwingend, welche die Luft bevölkerten, und der Sonnengott hatte sie als Gefährten in seine himmlische Barke aufgenommen; dort fuhren sie nun mit ihm über den Himmel als ewige Sterne.[27]

Ein Pyramidentext beschreibt die Überführung des toten Königs in den himmlischen Bereich mit folgenden Worten:

Der König steigt auf himmelwärts zu den Göttern, die im Himmel wohnen . . . Er (Re) reicht ihm seinen Arm auf der Treppe zum Himmel. »Er, der seinen Platz kennt, kommt«, sagen die Götter. Oh Reiner Du, nimm ein Deinen Thron in der Barke von Re und segle Du über den Himmel . . . Segle Du mit den unvergänglichen Sternen, segle Du mit den unermüdlichen Sternen.[28]

Eine ähnliche Bildersprache kommt in christlicher Symbolik vor, in welcher die Gerechten nach der Auferstehung zum Himmel aufsteigen werden. So schreibt Paulus:

Seht, ich enthülle euch ein Geheimnis: Wir werden nicht alle entschlafen, aber wir werden alle verwandelt werden – plötzlich, in einem Augenblick, beim letzten Posaunenschall. Die Posaune wird erschallen, die Toten werden zur Unvergänglichkeit auferweckt, wir aber werden verwandelt werden. Denn dieses Vergängliche muß sich mit Unvergänglichkeit bekleiden. (1. Kor 15,51–53)

Die Gestalt des apokalyptischen Christus gibt ein ähnliches Versprechen in der Offenbarung:

Wer siegt, den werde ich zu einer Säule im Tempel meines Gottes machen, und er wird immer darin bleiben. Und ich werde auf ihn den Namen meines Gottes schreiben und den Namen der Stadt meines Gottes, des neuen Jerusalem, das aus dem Himmel herabkommt von meinem Gott, und ich werde auf ihn auch meinen neuen Namen schreiben. (Offb 3,12)

Psychologisch verstanden, verweisen diese Texte auf einen Übergang oder eine Entrückung vom zeitlichen, persönlichen Leben des Ich zum ewigen, archetypischen Bereich. Wahrscheinlich werden die wesentlichen Leistungen des Ich, die Gesamtheit akkumulierten Bewußtseins, mittels einer schließlichen *sublimatio* im kollektiven, archetypischen Schatzhaus der Menschheit aufbewahrt. Jung scheint in der Beschreibung seiner Visionen, die er an der Schwelle des Todes hatte, dasselbe zu sagen:

Ich hatte das Gefühl, als ob alles Bisherige von mir abgestreift würde . . . Aber etwas blieb; denn es war, als ob ich alles, was ich je gelebt oder getan hätte, alles, was um mich geschehen war, nun bei mir hätte . . . Ich bestand aus meiner Geschichte und hatte durchaus das Gefühl, das sei nun ich.[29]

Der Traum eines Mannes kurz vor seinem Tod schildert eine ähnliche Ahnung:

Mir ist eine Aufgabe übergeben worden, die fast zu schwer für mich ist. Ein harter, schwerer Baumstamm liegt verdeckt im Wald. Ich muß ihn freilegen und ein rundes Stück von ihm absägen oder abhauen, und dann durch das Stück hindurch ein Muster schnitzen. Das Resultat muß unter allen Umständen aufbewahrt werden, denn es stellt etwas dar, was es nicht mehr gibt und in Gefahr ist, verloren zu gehen. Zur gleichen Zeit muß eine Bandaufnahme gemacht werden, die im Detail beschreibt, was es ist, was es darstellt, seine ganze Bedeutung. Am Ende müssen das Stück und die Bandaufnahme der öffentlichen Bibliothek übergeben werden. Jemand sagt, daß nur die Bibliothek wisse, wie das Band vor dem Verfall innerhalb von 5 Jahren bewahrt werden könne.[30]

Der Traum war von einer Zeichnung des kreisförmigen Gegenstandes begleitet, der so aussah:

Ich verstehe den Traum als einen Hinweis auf die Übergabe der Lebensanstrengung eines Individuums in ein kollektives oder transpersonales Schatzhaus (die Bibliothek). Der geschnitzte Gegenstand und die Bandaufnahme können als Entsprechung angesehen werden, weil die Zeichnung des Gegenstands genau wie die Winde einer Aufnahmespule aussieht. Dies würde darauf schließen lassen, daß die schwere Aufgabe die Transformation von Holz in Worte, d. h. von Materie in Geist, beinhaltet.

Basierend auf der »Gemeinschaft der Heiligen« hat die katholische Theologie die Idee eines »Schatzhauses der Verdienste« ausgearbeitet, das sich durch das Leben Christi und der Heiligen angesammelt hat. Ein katholischer Theologe schreibt:

> Wenn auch Verdienste zwischen Gliedern der christlichen Gemeinschaft, streng genommen, nicht direkt übertragbar sind, so kann doch Sühne übertragen werden. Die unendliche Sühne unseres Herrn und die überreichliche Sühne der Jungfrau und der Heiligen bilden einen Schatz, den die Kirche hütet und verwaltet, um hieraus die Zahlungen der den Gläubigen aus Nachsicht erlassenen Schulden zu begleichen.[31]

Dieser theologische Mythos kann jetzt als eine frühe Formulierung verstanden werden, beeinträchtigt durch einen konkretistischen Mißbrauch (Nachsicht) des historischen Prozesses, welcher die psychischen Leistungen von Individuen in die kollektive archetypische Psyche überführt. Der neue Mythos postuliert, daß kein authentisch vom Individuum erlangtes Bewußtsein verlorengeht. Jeder Zuwachs vermehrt die kollektive Schatzkammer. Dies ist die moderne, bescheidenere Version der Vorstellung von einer unsterblichen Seele.

Mit derselben Idee scheint Milton sich im folgenden Abschnitt aus *Lycidas* (Zeilen 70–84) zu befassen:

> Ruhm ist der Ansporn, der den hellen Geist
> aufrichtet,
> (Jene letzte Schwäche eines edlen Gemüts).
> Freuden zu verschmähen und arbeitsame Tage zu
> bestehen;

Aber die angemessene Belohnung. Wenn wir zu finden hoffen
Und glauben, in lodernde Flammen zu bersten,
Kommt der blinde Zorn mit den verabscheuten Speerspitzen
Und zerschlitzt das dünn-gesponnene Leben. Aber nicht das Lob,
Antwortete Phoebus und berührte meine zitternden Ohren.
Ruhm ist keine Pflanze, die auf sterblichem Grund gedeiht,
Noch in der glitzernden Folie,
Für die Welt zurechtgemacht, noch im verbreiteten Gerücht;
Aber lebt und sich droben ausbreitet durch jene makellosen Augen
Und das vollkommene Zeugnis des alles-richtenden Jupiter,
Denn letztlich erklärt Er jegliche Tat.
Von so viel Ruhm erwarte im Himmel Deinen Lohn.

»Ruhm«, wie hier bei Milton gebraucht, entspricht jenen Früchten des individuellen Lebens, die in den ewigen Bereich überführt und in der kollektiven Seele aufbewahrt werden. Solch ein Ruhm »gedeiht nicht auf sterblichem Grund«, d. h. hängt nicht davon ab, von Menschen gewußt zu werden, existiert hingegen im Himmel, dem archetypischen Bereich. Ruhm dieser Qualität entspricht Miltons Beschreibung eines guten Buches, »das kostbare Lebensblut eines Meister-Geistes, zielbewußt einbalsamiert und in Ehren gehalten für ein Leben jenseits des Lebens.«[32]

Darauf, daß unser Jahrhundert eine Zeit von Tod und Wiedergeburt eines zentralen Mythos ist, deuten Träume und Umwälzungen im Unbewußten vieler Individuen hin. Tiefenpsychologen, die mit den Produkten des Unbewußten arbeiten, sind in einer ungewöhnlichen Lage, den Aufruhr in der kollektiven Psyche zu beobachten. Apokalyptische Symbolik ist nicht selten. Hier ist ein bemerkenswertes Beispiel eines solchen Traums:

Ich gehe anscheinend den Palisaden entlang, die eine Aussicht auf New York City gewähren. Ich gehe mit einer Frau, die mir unbekannt ist. Wir werden beide von einem Mann geleitet, der unser Führer ist. New York City ist zu Schutt geworden – die Welt, wie wir sie kennen, tatsächlich zerstört. Ganz New York City ist nur noch ein Haufen Schutt, überall sind Brände, tausende von Menschen laufen außer sich in alle Richtungen; der Hudson River hat viele Gebiete der Stadt überflutet, Rauch schwelt überall auf. Soweit ich sehen kann, ist das Land eingeebnet. Es war Halbdunkel, Feuerkugeln am Himmel steuerten auf die Erde zu. Es war das Ende der Welt, die totale Zerstörung von allem, was der Mensch und seine Zivilisation aufgebaut hatten.
Die Ursache dieser großen Zerstörung war ein Wettlauf von Riesen – Riesen, die aus dem Weltraum gekommen waren – von den fernen Bereichen des Universums. In der Mitte des Schutts konnte ich zwei von ihnen sitzen sehen; sie schaufelten gleichgültig mit ihren Händen die Leute hundertweise und aßen sie. Sie taten dies mit derselben Nonchalance, die wir an den Tag legen, wenn wir uns an den Tisch begeben und Weintrauben handvoll zum Munde führen. Der Anblick war furchteinflößend. Die Riesen waren nicht alle von derselben Größe oder völlig gleicher Statur. Unser Führer erklärte uns, daß die Riesen von verschiedenen Planeten kämen und daß sie harmonisch und friedlich miteinander leben. Der Führer erklärte uns außerdem, daß die Riesen mit fliegenden Untertassen gelandet waren (die Feuerkugeln waren weitere Landungen). Tatsächlich war die Erde, wie wir sie kennen, von dieser Rasse von Riesen am Beginn der Zeit, wie wir sie kennen, geplant worden. Sie kultivierten unsere Zivilisation, wie wir Gemüse in einem Treibhaus kultivieren. Die Erde war ihr Treibhaus, sozusagen, und jetzt waren sie zurückgekehrt, um die Früchte, die sie gesät hatten, zu ernten. Aber für all dieses gab es einen besonderen Grund, er sollte mir erst später bewußt werden.

Ich wurde gerettet, weil ich etwas erhöhten Blutdruck hatte. Wenn ich normalen Blutdruck gehabt hätte oder wenn mein Blutdruck zu hoch gewesen wäre, würde ich wie fast alle anderen gegessen worden sein. Weil ich leicht erhöhten Blutdruck habe, (Hypertonie), bin ich erwählt, durch diese Prüfung zu gehen, und wenn ich diese Prüfung bestehe, würde ich wie mein Führer werden, »ein Retter der Seelen«. Wir gingen außerodentlich lange und wurden Zeuge all dieser verheerenden Zerstörung. Dann sah ich vor mir einen riesigen goldenen Thron; er war so leuchtend wie die Sonne, unmöglich, direkt hinzuschauen. Auf dem Thron saß ein König mit seiner Königin der Riesenrasse. Sie waren die Intelligenzen hinter der Zerstörung unseres Planeten, wie ich erkannte. Etwas an ihnen war besonders oder außerordentlich, was mir erst später bewußt werden sollte.
Die Prüfung oder Aufgabe, welche ich zu leisten hatte, außer daß ich Zeuge sein mußte, wie die Welt zertört wurde, bestand darin, diese Treppe hinaufzuklettern, bis ich mich auf ihrer Ebene befand, von Angesicht zu Angesicht mit ihnen. Dies hatte möglicherweise in Etappen zu geschehen. Ich begann zu klettern; es war ein langer Aufstieg und schwierig und mein Herz schlug sehr heftig. Ich fühlte mich eingeschüchtert, wußte aber, daß ich diese Aufgabe zu vollbringen hatte, die Welt und die Menschheit standen auf dem Spiel. Ich erwachte aus diesem Traum schweißgebadet.
Später wurde mir bewußt, daß die Zerstörung der Erde durch die Riesenrasse ein *Hochzeitsfest* war für die jüngst Verheirateten, den König und die Königin. Dies war der besondere Grund und das außerordentliche Gefühl, welches ich in bezug auf den König und die Königin gehabt hatte.

Aus Träumen dieser Art werden sich die Schriften des neuen Mythos zusammensetzen. Dieser hier ist kein persönlicher Traum und darf nicht personal gedeutet werden. Er ist ein kollektiver Traum, welcher die Verfassung der kollektiven Psyche veranschaulicht. Acht Tage vor seinem Tod sprach Jung von einer Vision, in der er »einen großen Teil der Erde zerstört gesehen habe; aber, fügte er hinzu: ›Gott sei dank nicht alles‹«.[33] Jahre zuvor schrieb er von der

Weltuntergangs- und Welterneuerungsstimmung, wie sie für unsere Zeit charakteristisch ist ... Diese Stimmung macht sich ja überall bemerkbar, politisch, sozial und philosophisch. Wir leben im Kairos für den »Gestaltwandel der Götter«, das heißt der grundlegenden Prinzipien und Symbole.[34]

Der vorgelegte Traum schildert diese Stimmung »universeller Zerstörung und Erneuerung«. Verblüffenderweise gebraucht er dieselben Symbole vom Herbst wie die Offenbarung, in der ein Engel zum anderen sagt: »Schick deine Sichel aus, und ernte! Denn die Zeit zu ernten ist gekommen: Die Frucht der Erde ist reif geworden. Und der, der auf der Wolke saß, schleuderte seine Sichel über die Erde, und die Erde wurde abgeerntet.« (Offb 14,14–16)

Was bedeutet es, von Riesen gegessen oder von Engeln geerntet zu werden? Das heißt, daß man von archetypischer, nichtmenschlicher Dynamik verschlungen worden ist. Das autonome Ich, dessen selbständige Stellung über und gegen Instinkt und Archetypus die *sine qua non* des Bewußtseins darstellt, ist in eine fatale Identifikation mit dem Archetypus gefallen. Für das Individuum bedeutet dies entweder Psychose oder kriminelle Psychopathie. Für eine Gesellschaft bedeutet es strukturelle Desintegration und allgemeine kollektive Demoralisierung, hervorgerufen durch den Verlust des zentralen Mythos, der die drückende Aufgabe, ein Mensch zu sein, unterstützt und gerechtfertigt hatte. Mit Yeats Worten: »Den Besten erlahmt der Glaube, und die Schlimmsten sind voll von leidenschaftlicher Heftigkeit.« So war es während des Niedergangs des Römischen Reiches, auf den sich die Offenbarung bezieht, und so droht es uns heute.

Der Träumer wurde vor diesem Schicksal gerettet, weil er »etwas erhöhten Butdruck« hatte. Dies war nicht so in Wirklichkeit und er hatte keine persönlichen Assoziationen beizubringen, deshalb sind wir auf allgemeine Symbolik angewie-

sen. Blut ist die Lebensessenz, aber im besonderen verweist es auf das Affektleben – Begehren, Leidenschaft, Gewalt. Leidenschaftliche Intensität ist gefährlich, wie Yeats in seinem Passus »blutgeblendete Strömungen sind losgelassen« folgert. Ein zu hoher Blutdruck würde vielleicht eine größere Intensität von primitiven Affekten bedeuten, als das Ich assimilieren kann. Eine solche Person würde im Kontakt mit den primitiven archetypischen Energien (Riesen) von diesen verschlungen werden. Normaler Blutdruck auf der anderen Seite deutet auf einen gewissen Mangel an Reaktion auf die abnorme Zeit. Es ist »richtig« für den modernen Menschen, gestört zu sein, etwas erhöhten Blutdruck zu haben. Dieser zeigt an, daß sein inneres Alarmsystem noch intakt ist und daß er deshalb einige Chancen hat. Seine Angst wird ihn zu Reflexion und Anstrengung anspornen, die lebensrettend sein könnten. Im Gegensatz dazu lullt eine selbstzufriedene Haltung in ein falsches Gefühl von Sicherheit ein, so daß man auf die Begegnung mit dem aktivierten kollektiven Unbewußten (Invasion der Riesen) völlig unvorbereitet ist.
Die Treppe hinaufsteigen gehört zur alchemistischen Symbolik der *sublimatio*. Dieser Vorgang bringt die Überführung der Materie aus dem Boden des Kolbens in den Oberteil durch Verdampfung mit sich. Psychologisch verweist er auf den Prozeß, durch den bestimmte persönliche Probleme, Konflikte und Ereignisse von einem erhöhten Bewußtseinsstandort und in einer größeren Perspektive als Aspekte eines größeren Prozesses unter dem Gesichtspunkt der Ewigkeit verstanden werden. Sobald die Treppe erstiegen ist, wird der Träumer dem inthronisierten König und der Königin von Angesicht zu Angesicht gegenüberstehen. Dies ist ein inhaltschweres Symbol des Prozesses der Auseinandersetzung und des Durchtragens der Vereinigung der Gegensätze. Wie der Traum klar macht, eine mühsame Aufgabe, aber auch der einzige Weg,

um zu vermeiden, von den aktivierten Archetypen verschlungen zu werden.
Anfänglich werden die Gegensätze als schmerzvolle und paralysierende Konflikte erfahren, aber das Durchstehen und Ausarbeiten solcher Konflikte fördert die Schaffung von Bewußtsein und kann zu einem flüchtigen Eindruck des Selbst als *coniunctio* führen. Wie Jung sagt: »Aller Gegensatz ist Gottes, darum muß sich der Mensch damit belasten, und indem er es tut, hat Gott mit seiner Gegensätzlichkeit von ihm Besitz ergriffen, d. h. sich inkarniert. Der Mensch wird erfüllt vom göttlichen Konflikt.«[35] Dies ist genau der »Gottesdienst ..., den der Mensch Gott leisten kann«[36] und der diesem Traum gemäß zur Erlösung notwendig ist.
Ein anderes Ergebnis des Prozesses der *sublimatio* ist mir aufgefallen: Es ist die Vision einer Frau, die zeigt, wie die Geschichte der Menschheit aus einer immensen Höhe und Distanz aussehen mag:

Ich sah die Erde von einem einzigen großen Baum bedeckt, dessen mannigfaltige Wurzeln sich von der Inneren goldenen Sonne, dem *lumen naturae,* nährten. Es war ein Baum, dessen Äste aus Licht gemacht und dessen Zweige zärtlich verschlungen waren, so daß sie aus sich heraus ein Netzwerk wunderbarer Liebe bildeten.
Es schien, als ob er sich aus den gesprengten Samen von vielen, zahllosen Egos erhöbe, die nun dem Einen Selbst durchzubrechen erlaubt hatten. Und wenn man dies anschaute, zeigte es sich, daß die Sonne, der Mond und die Planeten etwas ganz anderes waren, als man gedacht hatte.
Was ich in Erfahrung bringen konnte: Gott selbst war der Alchemist, und aus den kollektiven Massierungen und Leiden, aus Unwissenheit und Schändung »versuchte« Er das Gold herzustellen.[37]

Ein beachtenswertes Charakteristikum des neuen Mythos ist seine Fähigkeit, die verschiedenen gegenwärtigen Religionen

der Welt zu vereinigen. Könnte man alle lebenden Religionen als einen lebendigen Ausdruck von Individuationssymbolik, d. h. als Prozeß der Schaffung von Bewußtsein sehen, wäre damit eine zuverlässige Basis für eine wahre ökumenische Haltung gelegt. Der neue Mythos will nicht als ein neuer religiöser Mythos in Konkurrenz mit allen anderen um Gefolgschaft werben, vielmehr kann er dazu beitragen, alle lebendigen Religionen erklären und verifizieren zu helfen, indem er ihrer jeweils zentralen Bedeutung bewußteren und umfassenderen Ausdruck verleiht. Der neue Mythos könnte verstanden und gelebt werden innerhalb einer der großen religiösen Gemeinschaften, wie im katholischen und protestantischen Christentum, im Judentum, Buddhismus usw. oder in einer noch zu schaffenden neuen Gemeinschaft, oder auch von Individuen ohne spezifische Gemeinschaftsbindungen. Diese universale Eignung gibt ihm einen echten Anspruch auf den Begriff »katholisch«.
Das erste Mal in der Geschichte haben wir nun ein so umfassendes und fundamentales Verständnis des Menschen, daß dieses die Basis für eine Vereinigung der Welt bilden kann – zuerst religiös und kulturell, und allmählich auch politisch. Wenn genug Individuen Träger des »Bewußtseins der Ganzheit« sind, wird die Welt von selbst ganz werden.

Zusammenfassend gesagt, habe ich die Umrisse des neuen Mythos aufgespürt, welcher, wie ich glaube, aus Jungs Leben und Werk hervortreten wird. Dieser Mythos ist kein Glaube, sondern eine Hypothese, die auf empirischen Daten basiert und mit dem wissenschaftlichen Gewissen im Einklang steht. Der neue Mythos sagt uns, daß jedes individuelle Ich ein Schmelztiegel für die Schaffung von Bewußtsein ist, sowie ein Gefäß, das als Träger dieses Bewußtseins dient, d. h. ein Gefäß für die Inkarnation des Heiligen Geistes.

Die individuelle Psyche ist der Heilige Gral, heil gemacht durch das, was er enthält. Bewußtsein ist eine psychische Substanz, die durch die Erfahrung der erlittenen Gegensätze geschaffen wurde, nicht blind, sondern durch lebendige Bewußtheit. Diese Erfahrung ist die *coniunctio,* das *mysterium coniunctionis,* das den Stein der Weisen erzeugt, der Bewußtsein symbolisiert. Jedes Individuum ist in einem mehr oder weniger großen Umfang Teilhaber an der kosmischen Schöpfung – einer der Eimer in dem großen manichäischen Rad des Lichts –, der sein »Witwen-Scherflein« zum sich häufenden Schatzhaus der archetypischen Psyche beiträgt, die sich auf diese Weise verwirklicht.

Jede menschliche Erfahrung, soweit sie bewußt gelebt ist, vermehrt die Gesamtheit von Bewußtsein im Universum. Dank dieser Tatsache erhält jede Erfahrung Sinn und jedes Individuum eine Rolle im fortdauernden Weltdrama der Schöpfung.

2 Der Sinn des Bewußtseins

> Sein und Erkennen (sind) ganz eins, denn was nicht ist, das erkennt man auch nicht; was am allermeisten Sein hat, das erkennt man auch am allermeisten.
>
> *Meister Eckhart*

Das Ziel der Psychotherapie, überhaupt aller Methoden psychologischer Entwicklung, ist ein Höchstmaß an Bewußtsein. Bewußtsein und alles, was es bedeutet, stellt den höchsten Wert dar. Aber was bedeutet es? Wissen wir wirklich, was wir meinen, wenn wir dieses Wort gebrauchen? Ein Wörterbuch der Philosophie gibt die folgende Definition:

Bewußtsein: (lat. conscire, wissen, sich bewußt sein). Eine Bezeichnung für bewußten Geist im Gegensatz zu einem vermuteten unbewußten Geist oder einem Unterbewußtsein sowie dem ganzen Bereich des Physischen und Nicht-Physischen. Bewußtsein wird allgemein als ein undefinierbarer Begriff betrachtet oder vielmehr als Begriff, der nur durch direkte Introspektion definiert werden kann, die sich auf bewußte Erfahrung beruft. Die Undefinierbarkeit drückt Sir William Hamilton folgendermaßen aus: »Bewußtsein kann nicht definiert werden: wir mögen selbst genau wissen, was Bewußtsein ist, aber wir können eine Definition dessen, was wir selbst klar begreifen, nicht ohne Verwirrung an andere weitergeben. Der Grund ist klar: Bewußtsein liegt an der Wurzel allen Wissens« (*Vorlesungen über Metaphysik,* I, 191).[1]

Diese Beschreibung sagt uns nicht mehr, als daß Bewußtsein nicht definiert werden kann.

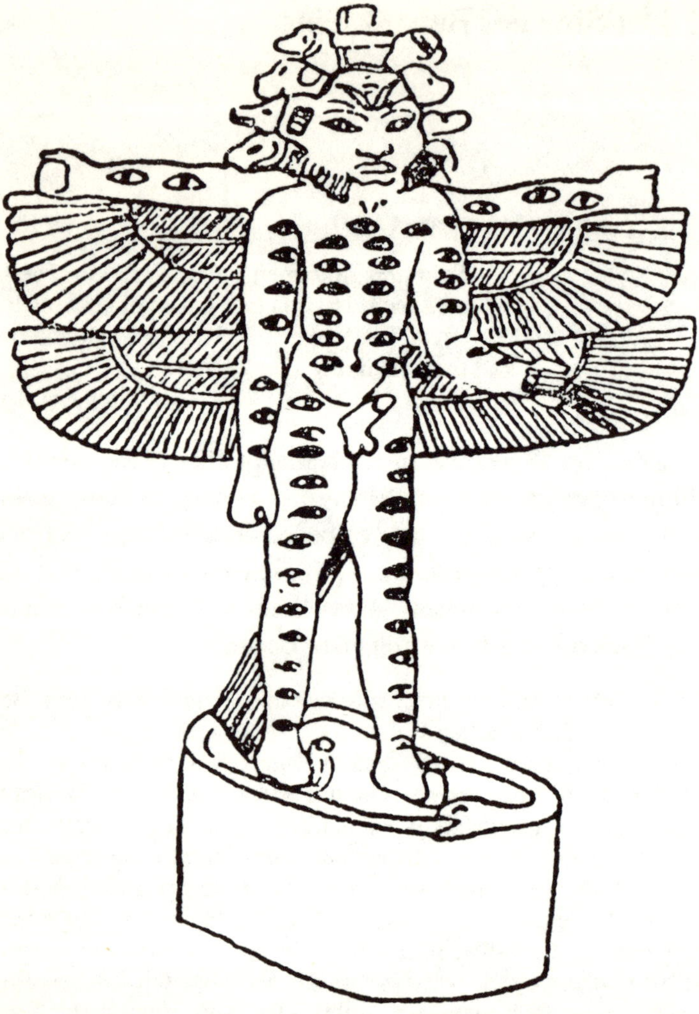

Der ägyptische Zwerg und Lehrer Bes, der mit der ägyptischen Mutter-Göttin verbunden ist. Sein Körper ist mit Horus-Augen übersät. (Bronzefigur, Ägypten, 6. Jh. v. Chr.; Louvre, Paris.)

In *Psychologische Typen* sagt Jung:

Unter Bewußtsein verstehe ich die Bezogenheit psychischer Inhalte auf das Ich, soweit sie als solche vom Ich empfunden wird. Beziehungen zum Ich, soweit sie von diesem nicht als solche empfunden werden, sind unbewußt. Das Bewußtsein ist die Funktion oder Tätigkeit, welche die Beziehung psychischer Inhalte zum Ich unterhält. Bewußtsein ist nicht identisch mit Psyche, indem Psyche die Gesamtheit aller psychischen Inhalte darstellt, welche nicht notwendigerweise alle mit dem Ich direkt verbunden, d. h. dermaßen auf das Ich bezogen sind, daß ihnen die Qualität der Bewußtheit zukäme.[2]

Diese Erklärung bietet zumindest den Beginn einer phänomenologischen Beschreibung der Erfahrung von Bewußtsein; sie stellt ausdrücklich die wichtige Tatsache fest, daß das Ich der Träger des Bewußtseins ist.
Wir können fortfahren und die unbewußte Seite des Begriffs Bewußtsein untersuchen, nämlich seine Etymologie. *Bewußt* leitet sich her von *con* oder *cum,* was »mit« oder »miteinander« bedeutet, und *scire* »erkennen« oder »verstehen«. Es hat denselben Ursprung wie Gewissen (engl.: conscience). Somit ist die Wurzelbedeutung von Bewußtsein und Gewissen »erkennen mit« oder »verstehen mit« einem »anderen«. Im Gegensatz dazu bedeutet das Wort Wissenschaft, das sich ebenfalls von *scire* herleitet, einfach wissen, d. h. erkennen ohne »miteinander«. So zeigt die Etymologie an, daß die Phänomene von Wissen und Gewissen irgendwie aufeinander bezogen sind, und daß sich die Erfahrung von Bewußtsein aus zwei Faktoren zusammensetzt, »erkennen« und »miteinander«. Mit anderen Worten, Bewußtsein ist die Erfahrung von *»mit einem anderen zusammen erkennen«,* d. h. im Rahmen einer Zweiersituation. Ich werde nun untersuchen, was diese Behauptung beinhaltet.

Erkennen

Eine Seite des Phänomens Bewußtsein ist der Akt des Erkennens – letztlich eine so mysteriöse mentale Funktion wie der nahverwandte Begriff Bewußtsein. Ein ganzer Zweig der Philosophie, die Epistemologie, widmet sich lediglich den Problemen und Grenzen der Erkenntnis. Mein Zugang ist jedoch nicht philosophisch, sondern psychologisch-empirisch, und mit dieser Methode kann die Erfahrung der Erkenntnis zumindest beschreibend herausgearbeitet werden.
Die psychologische Funktion des Erkennens oder Verstehens bedarf zuerst einmal der undifferenzierten, diffusen Erfahrung, in ein Subjekt und ein Objekt gespalten zu sein, in den Erkennenden und das Erkannte. Diese primordiale Teilung ursprünglicher Einheit entspricht Erich Neumanns Beschreibung der Trennung der Welteltern. Die Trennung von Vater Himmel und Mutter Erde, oder Licht und Dunkelheit, ist das ursprüngliche kosmogonische Ereignis, das die Geburt des Bewußtseins als einer Fähigkeit des Erkennens kennzeichnet. Wie Neumann sagt: »Dieser Akt des Erkennens, der bewußten Unterscheidung, scheidet und trennt die Welt in Gegensätze, denn nur in Gegensätzen ist Welterfahrung möglich.«[3] Das Ich scheidet sich vom Pleroma, das Subjekt der Erkenntnis wird vom Objekt der Erkenntnis unterschieden und der Akt des Erkennens somit möglich.
Der ursprüngliche kosmogonische Prozeß der Trennung des Subjekts vom Objekt muß mit jedem neuen Zuwachs an Bewußtsein wiederholt werden. Jedesmal wenn das Ich in einen unbewußten Inhalt fällt, kann es seiner nur durch einen Akt der Unterscheidung bewußt werden, der es dem Ich gestattet, den auftauchenden psychischen Inhalt zu erkennen und so von ihm desidentifiziert zu werden. Ein Symbol für diesen Prozeß der Unterscheidung des Subjekts vom Objekt, des Erkennen-

den vom Erkannten, ist der Spiegel. Der Spiegel repräsentiert die Fähigkeit der Psyche, objektiv wahrzunehmen und vom tödlichen Griff des Rohzustands primordialen Seins Abstand zu nehmen. Schopenhauer beschreibt es mit diesen Worten:

Daher ist es betrachtenswert, ja wunderbar, wie der Mensch, neben seinem Leben in concreto, immer noch ein zweites in abstracto führt. Im ersten ist er allen Stürmen der Wirklichkeit und dem Einfluß der Gegenwart preisgegeben, muß streben, leiden, sterben, wie das Tier. Sein Leben in abstracto aber, wie es vor seinem vernünftigen Besinnen steht, ist die stille Abspiegelung des ersten und der Welt, worin er lebt . . . Hier im Gebiet der ruhigen Überlegung erscheint ihm kalt, farblos und für den Augenblick fremd, was ihn dort ganz besitzt und heftig bewegt: hier ist er bloßer Zuschauer und Beobachter. In diesem Zurückziehen in die Reflexion gleicht er einem Schauspieler, der seine Szene gespielt hat und bis er wieder auftreten muß, unter den Zuschauern seinen Platz nimmt, von wo aus er, was immer auch vorgehen möge, und wäre es die Vorbereitung zu seinem Tode (im Stück), gelassen ansieht, darauf aber wieder hingeht und tut und leidet wie er muß.[4]

Die Fähigkeit, einen unbewußten Komplex, der einen an der Gurgel hat, in ein Objekt der Erkenntnis zu verwandeln, ist ein extrem wichtiger Aspekt zunehmenden Bewußtseins. In Erweiterung von Schopenhauers Analogie gesehen ist es, als ob derjenige, welcher in der Arena um sein Leben kämpft, auf magische Weise in die Position des Zuschauers versetzt wäre – verzweifelte Wirklichkeit wird so zu einem Bild der Kontemplation, und das Subjekt als der »Erkennende« ist damit in die Ferne jenseits seiner Verletzung gerückt.

Diese Idee erscheint auch in der apokryphen Apostelgeschichte der Johannes-Akten. Zur Zeit der Kreuzigung konnte Johannes es nicht ertragen, Zeuge von Jesu Leiden zu sein, und floh auf den Ölberg. Dort erschien ihm Jesus in einer Vision und erklärte ihm den Sinn der Kreuzigung, d. h. er ermöglichte ihm, sie als ein objektives Symbol zu kontemplieren. Obwohl die Menschenmenge glaubte, Jesus, der Mensch, sei gekreuzigt worden, wurde Johannes belehrt, die Kreuzigung symbolisch zu sehen:

Was es aber ist, deute ich dir an; denn ich weiß, daß du es verstehen wirst. Erkenne mich daher als die Qual des Logos, das Durchbohren des Logos, das Blut des Logos, die Verwundung des Logos, das Anheften [Fixieren] des Logos, den Tod des Logos. Und so rede ich unter Absehung vom Menschen [d. h. die persönlichen Elemente wegrückend] . . .
Als er das zu mir gesagt hatte und anderes, das ich, wie er will, nicht zu sagen weiß, wurde er aufgenommen, ohne daß jemand aus der Menge ihn sah. Und als ich (hinunter)gegangen war, verlachte ich jene alle . . ., und hielt nur das eine in mir fest, daß der Herr alles symbolisch und ökonomisch ausgeführt hatte zur Bekehrung und Rettung des Menschen.[5]

Vorher, in Kapitel 95 der Johannesakten, hatte Jesus seinen Jüngern erzählt: »Ein Spiegel bin ich dir, der du mich erkennst.«[6] Und in Kapitel 96 sagt er: »Sieh dich selbst in mir . . . erkenne, was ich tue, weil dein ist dieses Leiden des Menschen, das ich leiden werde.«[7]
In diesem Text unterweist Jesus die Jünger, wie das Subjekt vom Objekt zu unterscheiden und die Erfahrung als Spiegel wahrzunehmen sei, ein Spiegel, der ein Sinnbild reflektiert statt chaotischer Pein. Dies entspricht der aktiven Imagination oder meditativen Reflexion, die eine bedrängende Stimmung durch Entdeckung des sinnvollen Bildes, das in der Stimmung eingeschlossen liegt, in ein Objekt der Erkenntnis verwandeln kann. Jung beschreibt seine eigene entscheidende Auseinandersetzung mit dem Unbewußten, indem er sagt: »In dem Maße, wie es mir gelang, die Emotionen in Bilder zu übersetzen, d. h. diejenigen Bilder zu finden, die sich in ihnen verbargen, trat innere Beruhigung ein.«[8]
Das klassische mythische Beispiel des Wertes der Unterschei-

dung von Subjekt und Objekt durch die Kraft der Reflexion findet sich im Mythos von Perseus und Medusa: Schaut man Medusa direkt an, so wird man zu Stein, d. h. sie repräsentiert einen psychischen Inhalt, der das Ich zerstört. Sie kann nur überwunden werden, indem man sie durch die Reflexion im Spiegel des Schilds betrachtet, den Athena Perseus darbietet.

Ich halte Athenas Schild-Spiegel letztlich für ein Symbol des Prozesses der Kultur, die den Menschen von seinem zerstörerischen medusischen Horror rohen Daseins erlöst. Sprache, Kunst, Drama und Bildung halten der Menschheit den Spiegel der Athena vor Augen, welcher der Seele ermöglicht, aufzutauchen und sich zu entwickeln. Was Shakespeare über das Drama sagt, trifft auf alle kulturellen Formen zu, sie halten »der Natur sozusagen den Spiegel vor.«[9]

Auf die gleiche Weise beschreibt Schiller die Funktion der Kunst:

> Die wahre Kunst aber hat es nicht bloß auf ein vorübergehendes Spiel abgesehen, es ist ihr Ernst damit, den Menschen nicht bloß in einen augenblicklichen Traum von Freiheit zu versetzen, sondern ihn wirklich und in der Tat frei zu *machen,* und dieses dadurch, daß sie eine Kraft in ihm erweckt, übt und ausbildet, die sinnliche Welt, die sonst nur als ein roher Stoff auf uns lastet, als eine blinde Macht auf uns drückt, in eine objektive Ferne zu rücken, in ein freies Werk unseres Geistes zu verwandeln und das Materielle durch Ideen zu beherrschen.[10]

Und Nietzsche drückt dieselben Gedanken aus, wenn er sagt, daß »die höchste und wahrhaftig ernst zu nennende Aufgabe der Kunst (ist), das Auge vom Blick in's Grauen der Nacht zu erlösen und das Subjekt durch den heilenden Balsam des Scheins aus dem Krampfe der Willensregungen zu retten.«[11]

Träume und Phantasien können derselben Spiegelfunktion

dienen. Zum Beispiel träumte ein Mann im Frühstadium seiner Analyse, daß *er in einen Spiegel schaute und erstaunt war, zu sehen, daß sein Gesicht das seines Vaters war.* Dieser Mann war mit seinem Vater identisch und lebte das unglückliche Schicksal seines Vaters. Der Traum diente ihm als Spiegel, der ihn befähigte, diese Tatsache zu erkennen und seine Identifikation mit seinem Vater zum Objekt der Erkenntis zu machen. Auf diese Weise wurde das Subjekt der Erkenntnis (das Ich) vom Objekt der Erkenntnis (Identifizierung mit dem Vater) unterschieden, und der Träumer konnte seinen ersten Schritt aus dieser Identifikation in ein größeres Bewußtsein machen.

Erkannt sein

Fähig zu sein, aus der Misere rohen Daseins in den Status eines erkennenden Subjekts aufzusteigen, macht einen Teil des Sinns des Bewußtseins aus und kann manchmal eine Rettung beinhalten. Die Erfahrung, ein erkennendes Subjekt zu sein, ist jedoch nur die eine Hälfte des Erkenntnisprozesses. Die andere Hälfte ist die Erfahrung, das erkannte Objekt zu sein. Das Ich als Erkennendes erobert den äußeren oder inneren »anderen«, indem es ihn in den Status des erkannten Objekts verweist. Aber dies ist nicht Bewußtsein im vollen Sinne von »miteinander erkennen«, es ist nur Wissenschaft oder einfach Wissen. Um echtes Bewußtsein zu erlangen, muß das Ich auch durch die Erfahrung gehen, ein Objekt der Erkenntnis zu sein, wobei die Funktion des erkennenden Subjekts im »anderen« liegt.
Die Erfahrung, das erkannte Objekt zu sein, ereignet sich bis zu einem gewissen Grad in der Psychotherapie. Der Therapeut

trägt oft die Projektion des »erkennenden anderen«, wodurch sich der Patient auf den Status des erkannten Objekts reduziert fühlt. Diese Übertragungs-induzierte Verfassung ist jedoch nur teilweise und vorübergehend. Sie ist außerdem gefährlich, weil der Patient leicht in eine persönliche Abhängigkeit eingefangen wird von jenem Menschen, der ihn »erkennt«. Die Abhängigkeit vom Therapeuten wird so zum Ersatz für die Abhängigkeit vom inneren »Erkennenden«, d. h. dem Selbst. Jung beschreibt in einem Brief von 1915 lebhaft die Gefahren für den Patienten, der vom Analytiker erkannt und verstanden wird:

Die Verständigung ist eine abscheulich bindende Macht, unter Umständen ein wahrer Seelenmord, nämlich sobald sie lebenswichtige Verschiedenheiten ausgleicht. Der Kern des Individuums ist ein Mysterium des Lebens, welches erlischt, wenn es »begriffen« wird . . . Darin liegt das Bedrohliche und Gefährliche der Analyse, daß nämlich der Mensch anscheinend verstanden wird: der Teufel frißt seine Seele weg, die nackt und bloß, der schützenden Hülle beraubt, als ein Kind ans Licht geboren wurde. Dies ist der Drache, der Mord, der immer den neugeborenen Gottessohn bedroht. Er ist wiederum zu verbergen vor dem »Verständnis« der Menschheit.[12]

Wie Jung in anderen Teilen desselben Briefes andeutet, ist das »Verstehen« des Patienten ein notwendiges Ätzmittel für die neurotischen Aspekte der Persönlichkeit; es sollte jedoch nicht auf die gesunde Psyche angewandt werden. Deshalb würde die volle Erfahrung, das erkannte Objekt eines »anderen« erkennenden Subjekts zu sein, besser nicht auf eine Person projiziert, sondern lieber in der Auseinandersetzung mit dem inneren Gottesbild erfahren werden, mit dem Selbst.
Jenes archetypische Bild, das den klarsten symbolischen Ausdruck der Erfahrung des Ich widerspiegelt, das erkannte Objekt zu sein, ist das Auge Gottes. Dieses Symbol spielte eine

große Rolle in der ägyptischen Mythologie. Hierzu Rundle Clark:

Das Auge des Hohen Gottes ist die große Göttin des Universums in ihrem schrecklichen Aspekt. Ursprünglich war es von Gott in die urzeitlichen Gewässer ausgesandt mit dem Auftrag, Shu und Tefnut zu ihrem Vater zurückzubringen. Demgemäß ist das Auge die Tochter des Hohen Gottes. Als es zurückkehrte, entdeckte es, daß es in des Großen Einen Gesicht durch ein anderes ersetzt worden war – ein Stellvertreter-Auge – das wir als Sonne oder Mond interpretieren können. Dies war der ursprüngliche Zorn des Auges und der große Wendepunkt in der Entwicklung des Universums, denn das Auge kann niemals voll oder für immer beschwichtigt werden. Der Hohe Gott . . . verwandelte es in eine sich aufbäumende Kobra, die er sich um die Stirn band, um seine Feinde abzuwehren.[13]

In den Träumen einer Frau mittleren Alters fand ich eine interessante Parallele zur mythologischen Gleichsetzung von Auge = Schlange. Diese Patientin litt an einer chronischen, schmerzhaften körperlichen Krankheit und litt auch psychisch im Versuch, den Sinn ihrer Qual zu verstehen. Sie hatte folgenden Traum (teilweise wiedergegeben):

Ich unterhalte mich mit Freunden. Etwas, worüber wir sprachen, bewirkte, daß Schlangen im Raum herumzukriechen begannen. Es war, als wären sie unbelebte Objekte an den Wänden gewesen und durch etwas, das ich gesagt hatte, zum Leben erweckt worden. Ich wollte sie töten, aber ein Freund sagte, ich solle es nicht tun.

Der nächste Traum ein paar Tage später war folgender:
»Ich ging zum Küchenbecken, um es zu reinigen. Es war gerade etwas naß. Als ich näher hinschaute, trennten sich die Wassertropfen. Jeder Tropfen hatte ein Zentrum wie Fischeier oder -augen. Ich wischte sie nicht weg.
Diese Frau hatte die Tendenz, die Haltung des passiven Opfers einzunehmen. Als sie begann, rebellische Reaktionen gegen

die Opferrolle zu erfahren, tauchten diese Träume auf. Sie deuten darauf hin, daß die Schlangen durch ihre Aufmerksamkeit gegenüber dem Unbewußten (darüber sprechen) zum Leben erweckt wurden. Später verwandelten sich die Schlangen in Fischeier oder -augen. Diese Bewegung ist die Umkehrung des ägyptischen Mythos, in welchem das Auge Gottes in eine sich aufbäumende Schlange verwandelt wurde. Die auftauchenden instinktmäßigen Protestreaktionen (die Schlangen) scheinen autonome Bewußtseinszentren (Fischaugen) zu sein und sind eigentlich Subjekte des Ich als Objekt. Mit anderen Worten, die Träumerin begann sich selbst als das Objekt eines anderen Subjekts zu erfahren. Das »andere« Subjekt (das Selbst) will nicht mehr die lammfromme Passivität der Opferrolle tolerieren, und indem die Frau die inneren Protestreaktionen bemerkte, entdeckte sie das »objektive Subjekt« innen, d. h. das Selbst.

Das Bild des Fischauges kommt in der Alchemie vor als *oculi piscium* und entspricht den *scintillae* oder den vielzähligen Lichtfunken im Unbewußten. Jung schreibt:

> Die Fischaugen sind kleine Seelenfunken, aus denen die leuchtende Gestalt des filius [göttliches Kind] zusammengesetzt wird. Sie entsprechen den Lichtpartikeln, die in der dunklen Physis eingeschlossen sind, deren Wiederherstellung eines der Hauptziele des Gnostizismus und Manichäismus war.[14]

Dasselbe Symbol wird im Aufsatz »Theoretische Überlegungen zum Wesen des Psychischen«[15] diskutiert, wo wieder das Motiv der Vieläugigkeit mit den multiplen Luminositäten gleichgesetzt wird. Von seltsamen »fischigen« Augen beobachtet zu werden, gibt einem das unheimliche Gefühl von anderen Präsenzen. Die Fischaugen entsprechen dem mannigfaltigen Auge Gottes, wie bei Sacharja beschrieben: »Das sind die sieben Augen des Herrn, die über die ganze Erde schweifen.« (Sach 4,10)) Die größte Wirkung einer solchen Erfahrung ist die Vergegenwärtigung, daß man in der Psyche nicht allein ist.

In einem anderen ägyptischen Text sagt das Auge Gottes von sich selbst: »Ich bin das all-sehende Auge des Horus, dessen Erscheinen auf Entsetzen stößt, Göttin des Gemetzels, Mächtige der Schrecken.«[16] Die Erfahrung, ein erkanntes Objekt zu sein, gesehen zu werden vom Auge Gottes, kann eine fürchterliche Erfahrung sein, weil unbewußte Inhalte es in der Regel nicht aushalten können, beobachtet zu werden. Sie reagieren gewalttätig auf das Erkannt-sein, weil dies ihre Autonomie (Omnipotenz) zerstört oder relativiert, die sie im unbewußten Funktionieren genießen. Diese unbewußten Inhalte oder Komplexe sind verschiedene Aspekte von Ich-Selbst-Identität, die zutiefst bedroht ist, wenn sie dem Status eines – von einem transzendentalen Subjekt – erkannten Objekts untergeordnet wird.

Jungs erster Kindheitstraum enthält das Symbol des Auges und illustriert einen anderen Aspekt seiner Phänomenologie. Im Alter zwischen drei und vier Jahren träumte er:

Dort entdeckte ich plötzlich ein dunkles, rechteckiges, ausgemauertes Loch in der Erde. Ich hatte es noch nie zuvor gesehen. Neugierig trat ich näher und blickte hinunter. Da sah ich eine Steintreppe, die in die Tiefe führte. Zögernd und furchtsam stieg ich hinunter. Unten befand sich eine Tür mit Rundbogen, durch einen grünen Vorhang abgeschlossen. Der Vorhang war groß und schwer, wie aus gewirktem Stoff oder aus Brokat, und es fiel mir auf, daß er sehr reich aussah. Neugierig, was sich dahinter wohl verbergen möge, schob ich ihn beiseite und erblickte einen zirka zehn Meter langen rechteckigen Raum in dämmrigem Lichte. Die gewölbte Decke bestand aus Steinen, und auch der Boden war mit Steinfliesen bedeckt. In der Mitte lief ein roter Teppich vom Eingang bis zu einer niedrigen Estrade. Auf dieser stand ein wunderbar reicher goldener Thronsessel. Ich bin nicht sicher, aber vielleicht lag ein rotes Polster darauf. Der Sessel war prachtvoll, wie im Märchen, ein richtiger Königssessel! Darauf stand

nun etwas. Es war ein riesiges Gebilde, das fast bis an die Decke reichte. Zuerst meinte ich, es sei ein hoher Baumstamm. Der Durchmesser betrug etwa fünfzig bis sechzig Zentimeter und die Höhe etwa vier bis fünf Meter. Das Gebilde war aber von merkwürdiger Beschaffenheit: es bestand aus Haut und lebendigem Fleisch, und obenauf war eine Art rundkegelförmigen Kopfes ohne Gesicht und ohne Haare; nur ganz oben auf dem Scheitel befand sich ein einziges Auge, das unbewegt nach oben blickte.
Im Raum war es relativ hell, obschon er keine Fenster und kein Licht hatte. Es herrschte aber über dem Kopf eine gewisse Helligkeit. Das Ding bewegte sich nicht, jedoch hatte ich das Gefühl, als ob es jeden Augenblick wurmartig von seinem Throne herunterkommen und auf mich zukriechen könnte. Vor Angst war ich wie gelähmt. In diesem unerträglichen Augenblick hörte ich plötzlich meiner Mutter Stimme wie von außen und oben, welche rief: »Ja, schaue ihn dir nur an. Das ist der Menschenfresser!« Da bekam ich einen Höllenschrecken und erwachte, schwitzend vor Angst.[17]

Das phallische Auge in diesem Traum paßt zur Beschreibung des Horus-Auges, »dessen Erscheinen auf Entsetzen stößt«. Der Umstand, daß es der »Menschenfresser« genannt wird, entspricht Jungs Bemerkung, daß Verstehen »die Seele frißt«. Das Auge als Phallus ist dem Auge als Schlange analog und würde auf die schöpferische Kraft des Erkennens und Erkanntwerdens anspielen. Ähnlich ist im Alten Testament *erkennen* YHDA synonym mit *Geschlechtsverkehr haben mit*.[18]
Der durch das Auge verursachte Schrecken ist seiner Verbindung mit dem Zorn Gottes zuzuschreiben. Ein alter ägyptischer Mythos von der Zerstörung der Menschheit veranschaulicht, wie das Auge Gottes als ein Instrument des göttlichen Zorns funktionieren kann:

Der Gott Re, welcher sich selbst geschaffen hatte, war ursprünglich König über Götter und Menschen zugleich, aber die Menschheit lehnte sich gegen seine Oberherrschaft auf, denn er begann, alt zu werden . . . Als er merkte, daß die Menschheit sich gegen ihn verschwor, sagte er zu seinem Gefolge: »Geht und ruft mir mein Auge herbei, zusammen mit Shu, Tefnut, Geb und Nut und allen Vätern und Müttern, die mit mir in den Urgewässern gewesen sind« . . . So wurden die Götter zusammengebracht . . . und sie sagten: »Sprich zu uns, daß wir hören mögen.« Und Re sprach zu Nun (Personifikation der Urgewässer): »Oh, ältester Gott, in dem ich selbst geworden bin! Und ihr alten Götter! Erblickt die Menschheit, die meinem Auge[19] entsprang, sie hat sich gegen mich erhoben. Sage mir, was du tun würdest« . . . Da sagte Nun: »Oh, Re, mein Sohn! Oh Gott, größer als der, der ihn machte und mächtiger als jene, die ihn schufen! Oh du, der du nun auf deinem Throne sitzt! Wenn dein Auge gegen jene gewandt wäre, die sich gegen dich verschwören, wie außerordentlich würden sie dich fürchten!« . . . Dann sagten die anderen, die bei ihm waren: »Laß dein Auge aussenden, um jene zu ergreifen, die Böses gegen dich ersinnen . . . Laß es über sie herfallen als Hathor.« So kam die Göttin und mordete die Menschheit in der Wüste.[20]

In diesem Text ist das Auge Gottes das Werkzeug eines »Jüngsten Gerichts«. Dieses Thema ist also ein symbolischer Ausdruck für die Erfahrung des Ich, ein Objekt der Erkenntnis zu sein. In vielen Religionen ist das »Gericht der Seele« auf das Leben nach dem Tode projiziert und als eine post-mortem Erfahrung begriffen, in der das Individuum endgültig zum Subjekt totaler Prüfung und zum Objekt umfassender Erkenntnis Gottes gemacht wird. Vom Ausgang dieser Heimsuchung ist es abhängig, ob es entweder freigesprochen und ins Paradies gesandt oder aber ob es verdammt und zur Hölle verurteilt wird.

Das Symbol des »Jüngsten Gerichts« kann psychologisch als eine Projektion der Auseinandersetzung des Ich mit dem Selbst auf das Leben nach dem Tode verstanden werden, nämlich der archetypischen Erfahrung, das erkannte Objekt eines transpersonalen Subjekts zu sein; wie die Mythen klarmachen, ist es eine furchteinflößende Erfahrung, die der

Mensch verständlicherweise so lange wie möglich aufzuschieben versuchte, indem er sie auf das Leben nach dem Tode übertragen hat.
Das Thema, als Objekt der Erkenntnis angesehen oder dazu gemacht zu werden, kommt oft in Träumen vor. Ein Mann träumte zum Beispiel, daß *neue Kameras aufgestellt worden waren, um ihn zu fotografieren, doch versuchte er, diesen auszuweichen.* Wie ein Primitiver hatte der Träumer Angst vor dem »Auge« der Kamera. In größeren Lebenskrisen wird manchmal ausdrücklich das Symbol des Auges Gottes in Träumen erscheinen.
Zum Beispiel hatte ein junger Mann, der durch eine kritische Wandlung ging, die zu einer Bewußtseinserweiterung führte, folgenden apokalyptischen Traum:

Ich befand mich in einem Raum oder Haus, das aus sehr irdenen Lehmziegeln erbaut war. Der Boden war bedeckt von feinem Puder, wie die Reste von feinem Lehm. Der Raum war grau; obwohl sehr wenig Licht im Raum zu sein schien, war er dennoch erleuchtet. Ich hörte das Schlagen der Brandung außerhalb des Raums. Diese Schläge an die Wände wurden immer intensiver, je lauter sie wurden. Die Wände begannen zu beben und zu zersprengen. Treibsand von den zitternden Wänden war in der Luft und bedeckte mich. Risse und Spalten erschienen in der Wand. Der Raum gab mir das Gefühl, über mir zusammenzubrechen. Ich fühlte schon, wie ich von den Lehmziegeln und den Wasserfluten zermalmt werden würde. Die Wände krümmten sich, die Lehmziegel lockerten sich und zerbröckelten. Immer mehr fielen um mich herum. Mein Leben schien mir durch mein Gedächtnis zu blitzen; ich mußte hinaus, ich durfte hier nicht umkommen. Ich war in großen Schrecken versetzt. Ich wußte nicht, was auf der anderen Seite war, außer daß ich das Wasser gegen die Wände stürzen hörte.
Mit aller Kraft reckte ich mich auf bis weit über meinen Kopf hinaus und rannte gegen die brechende Wand. Ich schlug und stieß gegen die Wand, immer und immer wieder trat ich zurück

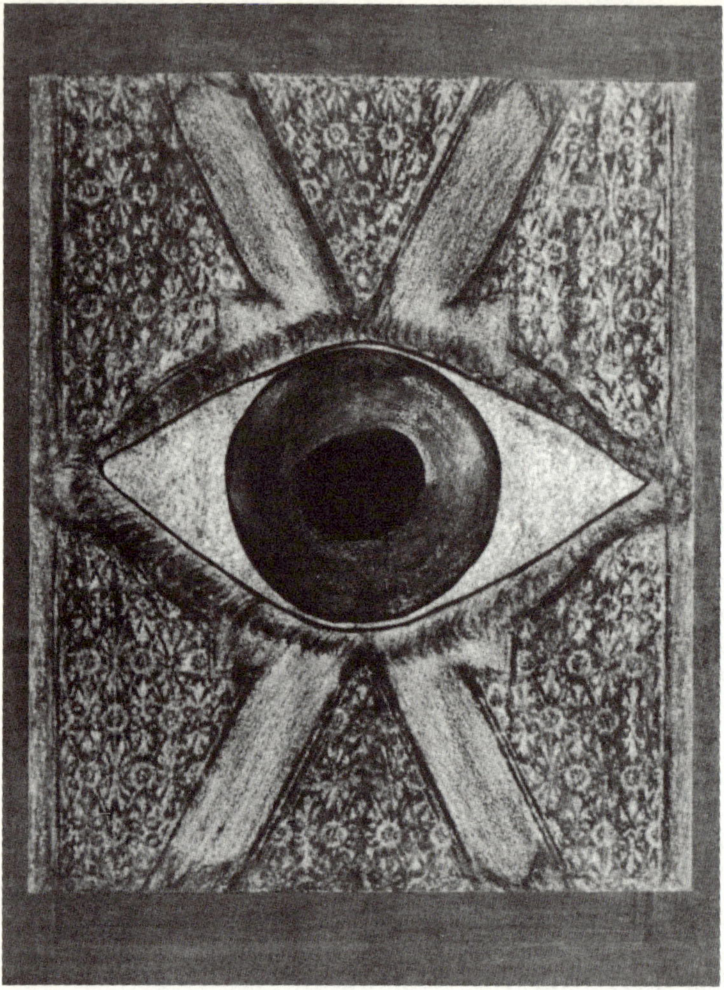

Traumbild: Das Auge Gottes.
(Aus: Marion Woodman, *The Owl was a Baker's Daughter.*)

und schlug erneut gegen die Wand. Hinter mir fiel alles zusammen. Ich schrie, Felsen und Wasser waren rings um mich herum. Wieder raste ich gegen die Wand und stieß so stark, wie ich nur konnte. Die Wand krümmte sich und zitterte. Sie spaltete sich, riß und ächzte. Ganze Flächen von Lehmziegeln, die auf mich zukamen, wurden nach draußen gestoßen dadurch, daß ich mein ganzes Gewicht gegen die Wand warf. Der Lärm war gewaltig, Panik hatte mich ergriffen. Bei einem erneuten Stoß hatte ich das Gefühl, als ob meine gesamte Kraft aufgezehrt würde, und doch stieß ich noch einmal gegen die Wand mit, wie mir schien, noch größerer Wucht als zuvor. Nun fiel die Wand vor mir heraus; alles hinter mir war ruhig geworden oder war vorbei, ich wußte es nicht genau. Instinktiv schaute ich auf und sah ein rundes Auge mit blauem Himmel und einigen weißen Wolken darin. Meine Perspektive war die eines umgekehrten teleskopischen Feldes. Es war mir, als wenn ich zu ihm aufschaute; es schaute auf mich herab solcherart, als ob ich das Auge sehen konnte, das zu ihm aufschaute,[21] und doch schien es etwas ganz anderes zu sein. Ich war in Ehrfurcht und fühlte mich tief gedemütigt und unaussprechbar menschlich.

Ein anderer Traum ist der eines Mannes mittleren Alters, der durch eine wichtige psychologische Wandlung ging. Bei ihm hatten sich physische Symptome entwickelt, welche unheilvoll einer Krankheit ähnlich waren, die seinen Vater getötet hatte, als er nur einige Jahre älter war als der Patient zur Zeit des Traumes. Diese Symptome warfen den Mann in einen Zustand akuter Angst, von der er nur teilweise befreit wurde, nachdem gründliche medizinische Untersuchungen bewiesen hatten, daß die Symptome keine organische Basis hatten. Während seines Angstzustandes hatte er diesen Traum (teilweise wiedergegeben):

Präsident Nixon hielt eine Ansprache vor einer großen Menschenmenge in einer Halle. Ich saß auf einer Bank rechts neben seinem Lesepult. Es kam mir in den Sinn: Wenn ich versuchen würde, ihn zu töten, könnte mich niemand daran hindern. Zwei

Wächter in Uniform kamen an mir vorbei, einer schaltete alle Hauslichter aus. Ein seltsames orangenes Licht kam von der Rückwand hervor, wo ein großer Metallschirm sich erhob, der eine Art Fernsehgerät erkennen ließ. Ein lauter Summton wurde hörbar, als das Fernsehgerät die Halle mit einem mysteriösen Strahl abtastete. Ich sah ein großes Auge durch eine Öffnung in der Rückwand, das in meine Richtung schaute und dann die Halle durchstreifte. Ein Schuß widerhallte. Ein Jugendlicher, der offensichtlich geplant hatte, den Präsidenten zu töten, hatte sich selbst erschossen. Als die Lichter wieder angeschaltet wurden, betete Präsident Nixon kniend.

Das zentrale Symbol in diesem Traum ist das numinose Auge Gottes. Es ist offensichtlich, daß die Angst des Patienten vor dem Tod das Thema des Jüngsten Gerichts konstelliert hat. Der Patient hat einen negativen Vaterkomplex mit unbewußter Feindschaft gegen Vaterfiguren, angezeigt durch die gegen Präsident Nixon gerichteten Todesgedanken. Das Erscheinen des Auges Gottes hat eine seinen Komplex neutralisierende Wirkung – der Jugendliche begeht Selbstmord. Die Manifestation des Selbst hat einen unbewußten Komplex aufgelöst und hinterläßt als Folge eine religiöse Haltung – Präsident Nixon im Gebet gebeugt.
Ein anderer Mann mittleren Alters, der ebenfalls durch die Erfahrung eines akuten Angstzustandes ging, hatte folgenden Traum (teilweise wiedergegeben):

Ich befinde mich auf einem Schiff, dessen Kapitän ein Ahabähnlicher Charakter ist. Ich sehe ein seltsames weibliches Wesen auf dem Schiffsgeländer sitzen. Sie berührt ihre Stirn mit einem Zauberstab und durch die Berührung erscheint ein drittes Auge. Als der Kapitän dieses Wunder sieht, stürzt er auf die Frau zu. Er wird mühelos überwältigt und weggeführt.

In seinen Assoziationen fiel dem Träumer zur Frau mit dem dritten Auge »eine Art Engel« ein. Ahab repräsentierte für ihn Ich-Inflation. Der Kapitän konnte auf seinem Schiff keine

Ereignisse jenseits seiner Kontrolle tolerieren. Daß der Kapitän weggeführt wurde, erinnerte ihn an eine biblische Stelle, die sich auf Christus bezieht: »Er ist aufgefahren in die Höhe und hat das Gefängnis gefangen geführt und hat den Menschen Gaben gegeben.« (Eph 4,8) In seiner Beschreibung der Auseinandersetzung des Ich mit dem Selbst hat Jung interessanterweise auf dieselbe Stelle hingewiesen:

Auf einem Höhepunkt des Lebens, wo sich die Knospe öffnet und aus dem Kleineren das Größere hervortritt, da wird »Eins zu Zwei«, und die größere Gestalt, die man doch immer war und die trotzdem unsichtbar blieb, tritt dem bisherigen Menschen in der Gestalt der Offenbarung gegenüber. Der wahrhaft und hoffnungslose Kleine wird die Offenbarung des Größeren immer in den Bereich seiner Kleinheit hinunterziehen und nie verstehen, daß für seine Kleinheit der Jüngste Tag angebrochen ist. Der innerlich Große aber weiß, daß der längst erwartete Freund der Seele, der Unsterbliche, nunmehr in Wirklichkeit gekommen ist, um »sein Gefängnis gefangen zu führen«, nämlich den, der ihn immer in sich getragen und gefangenhielt, nun selber zu ergreifen und dessen Leben in das seine einmünden zu lassen: ein Augenblick tödlicher Gefahr.[22]

Das beeindruckendste Symbol im Traum ist das dritte Auge des »Engels«. Dieses würde dem dritten Auge Shivas entsprechen, welchem gemäß der Hindumythologie destruktive Qualität zukommt. Über die drei Augen Shivas schreibt Alain Daniélou:

Die drei Augen Shivas repräsentieren Sonne, Mond und Feuer, die drei Quellen des Lichts, welche die Erde, die Sphäre des Raums und den Himmel erhellen. Die Puranas und Upanishaden sprechen von »ihm, dessen Augen Sonne, Mond und Feuer sind« (Bhasmajabala Upanishad 1). Mit seinen drei Augen kann Shiva die drei Formen der Zeit sehen, Vergangenheit, Gegenwart und Zukunft (Mahabharata 10.1251). Von den drei Augen wird gesagt, daß sie wie drei Sonnen scheinen (ebd. 13.846). Das Stirnauge, das Auge des Feuers, ist das Auge höherer Wahrnehmung.

Es schaut hauptsächlich nach innen. Wenn es nach außen gerichtet ist, verbrennt es alles, was vor ihm erscheint. Durch den Blick dieses dritten Auges wurde Kama, der Gott der Lust, zu Asche verbrannt, und in jeder der periodischen Zerstörungen des Universums werden die Götter und alle Geschöpfe durch es zerstört (Karapatri, »Sri Siva Tattva«, Siddhanta. II, 1941–42,116).[23]

Shivas drittes Auge entspricht dem Auge Gottes im ägyptischen Mythos, welches ebenfalls ein Werkzeug der Zerstörung sein kann. Im psychologischen Sinne wird das Auge alles im Ich zerstören, was nicht angemessen auf das Selbst bezogen ist. Mit anderen Worten, es wird inflationierte Ich-Selbst-Identität zerstören, wie sie in Ahab vertreten ist. Nach Jakob Böhme ist »Göttliche Weisheit . . . die Einheit, in der Gott sich ewig selbst erkennt. Er ist jene Einheit. In der Liebe, dem Lichte Gottes, wird jener Spiegel die Weisheit Gottes genannt; aber im Zorn wird er das alles-sehende Auge genannt«.[24]
Wenn das archetypische Symbol des Auges Gottes aktiviert worden ist, heißt dies, daß man durch eine schwere Prüfung analog der Hiobs geht. Jung legt dar, daß im Buch Hiob »Satan . . . wohl eines der Gottesaugen (ist), das ›auf der Erde herumstreift und hin und her wandert‹« (Hiob 1,7).[25] Satan wurde als ein Wesen mit vielen Augen vorgestellt. Es gibt eine Tarot-Karte, die den Teufel als Argus mit vielen Augen an seinem ganzen Körper darstellt.[26] Das Auge Gottes wird somit gewöhnlich als jener Aspekt des Selbst erfahren, welcher der »Widersacher« des Ich ist – daher das Gefühl der schweren Prüfung, die allgemein die Erfahrung begleitet. Diese Beschreibung trifft auf alle vier Personen zu, deren Träume ich vorgestellt habe.

Erkennen mit

Wir haben soeben die zwei Seiten des »Erkenntnis«-Faktors des Bewußtseins untersucht: 1. die Erfahrung, das erkennende Subjekt zu sein, und 2. die Erfahrung, das erkannte Objekt zu sein. Man könnte sagen, daß wir unsere psychische Existenz in dem unbewußten Zustand eines erkannten Objekts beginnen und nur mühsam mit der Entwicklung des Ich den relativ gelassenen Zustand des erkennenden Subjekts erlangen. Wenn die Entwicklung dann fortschreiten soll, muß die gewonnene relative Freiheit losgelassen werden in dem Maße, als das Ich gewahr wird, daß es das Objekt eines transpersonalen Subjekts ist, nämlich des Selbst. Nach diesen beiden Erfahrungen ist der Weg für das versöhnende Dritte offen, das ich als den vollen Sinn des »erkennen mit« ansehe.

Der Prozeß des Erkennens ist ein Prozeß der Machtzunahme. Ein Erkennender zu sein heißt, das erkannte Objekt durch die Macht des Logos zu beherrschen. Der Erkannte zu sein heißt, das Opfer des Erkennenden zu sein. Am Prozeß des Erkennens teilzunehmen heißt, eine dieser beiden Rollen zu spielen oder beide alternierend. Die Definition von Bewußtsein als »erkennen mit« hat einen zweiten Faktor: er beinhaltet nicht nur erkennen, sondern auch »miteinander«. Das Miteinander ist die Dynamik des »miteinander Verbindung aufnehmen«, also das Beziehungsprinzip. Wenn Erkennen eine Funktion des Logos ist, so ist Miteinander eine Funktion des Eros. So kommen wir zu der unerwarteten Entdeckung, daß das Wort, das wir für den höchsten Wert gebrauchen, nämlich Bewußtsein, in seiner Wurzelbedeutung eine *coniunctio*, eine Einheit von Logos und Eros ist.

Die Erfahrung des »miteinander erkennens« kann als die Fähigkeit verstanden werden, an einem Erkenntnisprozeß gleichzeitig als Subjekt und Objekt, Erkennender und Erkanntes, teilzunehmen. Dies ist nur möglich innerhalb einer Beziehung zu einem Objekt, das auch ein Subjekt sein kann. Praktisch heißt dies entweder eine Beziehung mit einem äußeren anderen (einer Person) oder einem inneren anderen (dem Selbst). In Wirklichkeit sind beide notwendig, obgleich der Einstellungstypus des Einzelnen das relative Gewicht der äußeren und inneren Faktoren bestimmen wird. Beim Extravertierten liegt das Hauptgewicht auf der Beziehung zum äußeren Ausdruck des Selbst, beim Introvertierten erhält die Beziehung mit der inneren Manifestation des Selbst primäre Wertung.

Der Prozeß, bewußt zu werden, benötigt beides, verstehen und verstanden werden, erkennen und erkannt werden. Vom Standpunkt des Ich ist dies nicht schwer zu verstehen, aber wenn in unserem Erkennen wahres »Miteinander« sein soll, muß dasselbe auch auf das andere Zentrum des Prozesses, nämlich das Selbst, zutreffen. Auch das Selbst muß unbedingt erkannt werden und ebenso ein Erkennendes sein. Wie bereits im ersten Kapitel erwähnt, betont Jung in *Antwort auf Hiob* besonders, daß dies der Fall ist: »Gültig ist das Sein natürlich nur, sofern es jemandem bewußt ist. Darum bedarf ja der Schöpfer des bewußten Menschen, obschon er diesen, aus Unbewußtheit, am Bewußtwerden lieber verhindern möchte.«[27] Weil Hiob Jahwes amoralische Natur erkannt hat, sieht sich Jahwe genötigt, sich zu ändern.[28] Psychologisch gesehen heißt dies, weil das Selbst vom Ich erkannt wurde, ist das Bewußtsein des Selbst gefördert worden. Auf diese Weise braucht Gott – oder das Selbst – den Menschen.

Das Streben nach Bewußtsein gestattet einem also nicht, sich auszuruhen in der Haltung, erkannt und in Gott enthalten zu sein; das Ich hat eine Verantwortung dem Selbst gegenüber, nämlich sowohl sein erkennendes Subjekt als auch sein erkanntes Objekt zu sein. Diese Idee gegenseitigen Erkennens von Ich und Selbst findet sich theologisch ausgedrückt bei Meister Eckhart:

Man muß wissen, daß Gott zu erkennen und von Gott erkannt zu werden, Gott zu sehen und von Gott gesehen zu werden der Sache nach eins ist. Darin erkennen wir Gott und sehen, daß er uns sehen und erkennen macht. Und so, wie die Luft, die erleuchtet ist, nichts anderes ist, als daß sie erleuchtet, denn (eben) dadurch erleuchtet sie, daß sie erleuchtet ist, so auch erkennen wir dadurch, daß wir erkannt werden und daß er (= Gott) uns sich erkennen macht.[29]

Und noch einmal:

Gott macht uns sich selbst erkennen, und erkennend macht er uns sich selbst erkennen und sein Sein ist sein Erkennen, und es ist dasselbe, daß er mich erkennen macht und daß ich erkenne. Und darum ist sein Erkennen mein, so wie es ein und dasselbe ist: im Meister, daß er lehrt, und im Jünger, daß er gelehrt wird. Und da denn sein Erkennen mein ist und da seine Substanz sein Erkennen und seine Natur und sein Sein ist, so folgt daraus, daß sein Sein und seine Substanz und seine Natur mein sind. Und wenn denn seine Substanz, sein Sein, und seine Natur mein sind, so bin ich der Sohn Gottes. »Sehet«, Brüder, »welche Liebe uns Gott geschenkt hat, daß wir der Sohn Gottes geheißen werden und sind.«[30]

In *Aion* bringt Jung Beispiele der Idee des unwissenden oder unbewußten Gottes und von Wandlungen, die im Laufe der kulturellen Entwicklung im Gottesbild entstehen, speziell aus dem Gnostizismus. Er faßt dann seine Schlußfolgerungen wie folgt zusammen:

Solche Aussagen über das Wesen Gottes stellen Wandlungen des Gottesbildes dar, welche den Veränderungen des menschlichen Bewußtseinszustandes parallel laufen, ohne daß man immer mit Sicherheit anzugeben wüßte, welches des anderen Ursache ist. Das Gottesbild ist keine Erfindung, sondern ein Erlebnis, das sua sponte den Menschen antritt; ... Das (zunächst unbewußte)

Gottesbild ist daher in der Lage, den Bewußtseinszustand zu verändern, wie auch dieser am (bewußten) Gottesbild seine Korrekturen anbringen kann. Selbstverständlich hat dies mit der veritas prima, dem unbekannten Gotte, nichts zu tun, das wir irgendwie nachweisen könnten. Psychologisch aber ist der Gedanke der Agnosie des Gottes oder des anennoētos theos [unbewußter Gott] insofern von größtem Belang, als er die Identität der Gottheit mit der Numinosität des Unbewußten identifiziert.[31]

Die wechselseitigen Beziehungen zwischen dem Ich und dem Selbst – in denen das Erkennen des Ich durch das Selbst Ich-Bewußtsein und das Erkennen des Selbst durch das Ich Selbstbewußtsein fördert – haben interessante Konsequenzen. Gewöhnlicherweise nehmen wir an, suprapersonale Mächte und Symbole seien Projektionen unseres Geistes, aber wenn Wechselseitigkeit besteht, könnten wir ebenso Projektionen des transpersonalen Anderen sein. Zwei Träume Jungs lassen diese Idee aufkommen:

In einem Traum, den ich im Oktober 1958 hatte, erblickte ich von meinem Hause aus zwei linsenförmige, metallisch glänzende Scheiben, die in einem engen Bogen über das Haus hinweg zum See sausten. Es waren zwei UFOs [Unidentifizierte Fliegende Objekte]. Danach kam ein anderer Körper durch die Luft geflogen: ein Objektiv mit metallenem Ansatz, der zu einem Kasten führte – eine Laterna magica. In etwa sechzig bis siebzig Metern Entfernung stand sie in der Luft still und zielte direkt auf mich. Ich erwachte mit dem Gefühl der Verwunderung. Noch halb im Traum ging es mir durch den Kopf: Wir denken immer, daß die UFOs unsere Projektionen seien. Nun zeigt es sich, daß wir ihre Projektionen sind. Ich werde von der Laterna magica als C. G. Jung projiziert. Aber wer manipuliert den Apparat?
Über das Problem der Beziehung von Selbst und Ich hatte ich schon einmal geträumt. In jenem früheren Traum befand ich mich auf der Wanderschaft. Auf der kleinen Straße ging ich durch eine hügelige Landschaft. Die Sonne schien, und ich hatte einen weiten Ausblick ringsum. Da kam ich an eine kleine Wegkapelle. Die Tür war angelehnt, und ich ging hinein. Zu

meinem Erstaunen befand sich auf dem Altar kein Muttergottesbild und auch kein Crucifix, sondern nur ein Arrangement aus herrlichen Blumen. Dann aber sah ich, daß vor dem Altar, auf dem Boden, mir zugewandt, ein Yogin saß – im Lotus-Sitz und in tiefer Versenkung. Als ich ihn näher anschaute, erkannte ich, daß er mein Gesicht hatte. Ich erschrak zutiefst und erwachte an dem Gedanken: Ach so, das ist der, der mich meditiert. Er hat einen Traum, und das bin ich. Ich wußte, daß, wenn er erwacht, ich nicht mehr sein werde.[32]

Da das Unbewußte uns mit dem Material unserer Traumwelt versieht, wird das Selbst dem Ich sichtbar, indem es in den Träumen erkannt wird. Vermutlich ist das Umgekehrte auch wahr. Vielleicht sind die Lebensdramen des Ich Träume des Selbst. Shakespeare sagt: »Wir sind solcher Stoff, woraus die Träume gemacht sind.«[33] Wessen Träume? Vielleicht sind unsere bewußten Leben die symbolischen Dramen, durch welche Gott seiner selbst bewußt wird. Wenn »die ganze Welt eine Bühne ist«, wer ist das Publikum? Könnte Gott das Ausagieren seiner Komplexe im Drama menschlicher Geschichte beobachten? Laut einem gnostischen Mythos war der Kosmos (einschließlich des Menschen) geschaffen, um die verstreuten Lichtpartikel einzusammeln und zurückzuholen, die im Anfang verloren gegangen waren.[34] Offensichtlich braucht Gott das menschliche Ich, um Ihm Bewußtsein zu übermitteln.

Ich möchte Ihnen eine persönliche Phantasie mitteilen. Angenommen, das Universum besteht aus einem allwissenden Geist, der totales und absolutes Wissen besitzt. Aber er schläft. Langsam bewegt, streckt er sich und beginnt, zu erwachen. Er beginnt, Fragen zu stellen. Wer bin ich? – aber keine Antwort kommt. Dann denkt er, ich sollte meine Phantasie befragen, ich sollte aktive Imagination machen. Damit entstehen plötzlich Galaxien und Sonnensysteme. Die Phantasie konzentriert sich auf die Erde. Sie wird autonom und Leben erscheint. Jetzt wünscht der göttliche Geist einen Dialog, und der Mensch entsteht als Antwort auf dieses Bedürfnis. Gott strebt nach Selbsterkenntnis, und die nobelsten Vertreter der Menschheit tragen die Last dieser göttlichen Dringlichkeit, die ihnen aufgebürdet ist. Viele zerbrechen unter diesem Gewicht. Einige überleben und gestalten die Früchte ihrer Gottesbegegnung in mächtigen Werken über Religion, Kunst und humanistischem Wissen. Diese bringen neue Zeitalter und Zivilisationen in der Menschheitsgeschichte hervor. Langsam mit der Ausfaltung dieses Prozesses beginnt Gott zu lernen, wer Er ist.

Wie im ersten Kapitel erwähnt, machte Jung nahe dem Ende seines Lebens jene Aussage, die explizit seine Schlußfolgerung in bezug auf das allgemeine Ziel und den Sinn des menschlichen Lebens ausdrückt. Sie ist wert, hier wiederholt zu werden:

Die Aufgabe des Menschen . . . wäre . . ., sich dessen, was vom Unbewußten her andrängt, bewußt zu werden, anstatt darüber unbewußt oder damit identisch zu bleiben. In beiden Fällen würde er seiner Bestimmung, Bewußtsein zu schaffen, untreu. So weit wir zu erkennen vermögen, ist es der einzige Sinn der menschlichen Existenz, ein Licht anzuzünden in der Finsternis des bloßen Seins. Es ist sogar anzunehmen, daß, wie das Unbewußte auf uns wirkt, so auch die Vermehrung unseres Bewußtseins auf das Unbewußte.[35]

Dieser Passus kristallisiert das Werk einer Lebensspanne, beziehungsweise eines Lebens, das nach meiner Meinung das bewußteste Leben ist, das jemals gelebt wurde. Verdichten wir diese Aussage auf ihre Essenz, gelangen wir zu dieser Feststellung: *Das Ziel des menschlichen Lebens ist die Schaffung von Bewußtsein.*

Ich finde es zutiefst bedeutsam und sehr eindringlich, daß Jung beschloß, uns eine so eindeutige Antwort auf die universale Frage nach dem Sinn des Lebens zu hinterlassen. Jung, der Mann, der immer größte Vorsicht walten ließ, nicht jenseits demonstrierbarer empirischer Fakten zu gehen, der Mann, der Erkenntnis forderte statt Glauben, entschied das Rätsel der Sphinx zu beantworten. Wir können sicher sein, daß er die Antwort *weiß* und nicht nur vermutet.

Auf der kollektiven Ebene ist Bewußtsein die Bezeichnung für einen neuen obersten Wert, der im modernen Menschen geboren wird. Das Streben nach Bewußtsein, »Wissen mit Gewissen«, vereinigt die Ziele der zwei vorangegangenen Etappen westlicher Geschichte, nämlich Religion und Wissenschaft. Religion (im Sinne von »zurückbinden«) hat als wesentliches Ziel, die Verbindung des Menschen zu Gott zu bewahren. Dies steht im Einklang mit Eros, dem Beziehungsprinzip, und dem Bewußtseinsfaktor des »Miteinander« als »erkennen mit«. Wissenschaft auf der anderen Seite gab zuversichtlich die Verbindung mit dem andern auf und entschied statt dessen, eine Vermehrung humanistischen Wissens anzustreben. Wenn Religion Selbst-orientiert ist, so ist Wissenschaft Ich-orientiert. Religion basiert auf Eros, Wissenschaft auf Logos. Das nun anbrechende Zeitalter wird eine Synthese dieser These und Antithese bereitstellen. Religion suchte Verbindung, Wissenschaft suchte Wissen. Die neue Weltsicht wird *verbundenes Wissen* suchen.

Es ist bereits weitgehend anerkannt, daß das Streben nach wissenschaftlicher Erkenntnis als des höchsten Ziels menschlicher Anstrengung pueril und den Bedürfnissen des ganzen Menschen inadäquat ist. Eine Rückkehr zu dem intellektuell naiven Standpunkt konkreten religiösen Glaubens ist ebenso ungemäß für den modernen Verstand. Der moderne Mensch benötigt ein echtes neues Ziel und eine neue existentielle

Auge des Horus.

Sinngebung. Dieses neue Ziel wurde von Jung gefunden und ausformuliert. Mit seinen Worten: »Der Mensch ist der Spiegel, den Gott sich vorhält, oder das Sinnesorgan, mit dem Er Sein Sein erfaßt.«[36]

Somit wird das Ringen des Individuums um Bewußtsein zur modernen Formulierung der ehrwürdigen Idee vom Arbeiten im Weinberg des Herrn und zur neuen Antwort auf die uralte Frage nach dem Sinn des Lebens.

3 Die Tiefenpsychologie als der neue Weg: Reflexionen über Jungs »Antwort auf Hiob«

> (Es) wäre wohl angezeigt . . ., an die große Aufgabe einer neuen Interpretation der christlichen Traditionen heran(zutreten). (Da) es sich um Wahrheiten handelt, die zutiefst in der Seele verankert sind . . ., so muß die Lösung dieser Aufgabe möglich sein.
>
> C. G. Jung *Antwort auf Hiob.*

Im Frühjahr des Jahres 1951 im Alter von fünfundsiebzig Jahren schrieb Jung in einem plötzlichen Ausbruch von Inspiration während einer fiebrigen Krankheit »ein kleines Essay (ca. 100 Druckseiten)«.[1] Er war ihm eigentlich vom Unbewußten diktiert worden, und sobald er fertiggestellt war, war seine Krankheit vorüber.[2] Im Juli 1951 schreibt er: »Wenn es etwas wie ein gewaltsames Erfaßtsein von einem Geiste gibt, so war es gewiß die Art und Weise, wie diese Schrift zustande gekommen ist.«[3] Zwei Jahre später beschreibt er dies in Form einer musikalischen Komposition und einem Drama:

> Das Buch »fiel mir ein« während einer Krankheit, im Fieber. Die große Musik eines Bach oder eines Händel begleiteten es . . . ich hatte nur das Gefühl, einer großen Symphonie oder vielmehr einem Konzert beizuwohnen.[4]
>
> . . . so habe ich auch das Erlebnis meiner Schrift als ein Drama empfunden, das über meinen Kopf ging. Ich fühlte mich durchaus als *causa ministerialis* meines Buches. Es hat mich plötzlich

und unerwartet während einer Krankheit im Fieber überfallen. Ich empfinde den Inhalt als eine Entfaltung des göttlichen Bewußtseins, an dem ich nolens volens teilhabe.[5]

Im hohen Alter bemerkte Jung, er wünschte, er könnte alle seine Bücher neu schreiben außer diesem. Mit diesem Buch war er vollkommen zufrieden.[6] Er nannte es *Antwort auf Hiob*.

Lassen Sie mich gleich zu Anfang meine Einschätzung dieses Buches offen ausdrücken. Meiner Meinung nach hat es dieselbe psychische Tiefe und Tragweite, wie sie die großen Schriften der Weltreligionen charakterisieren. In Übereinstimmung mit dem modernen Geist unterscheidet es sich von diesen Schriften in seiner Bescheidenheit des Ausdrucks und im objektiven Bewußtsein, das es erhellt. Man sollte sich nicht durch den persönlichen, unprätentiösen Stil täuschen lassen. Es ist gerade diese Qualität, welche seine Wahrhaftigkeit beweist. Obwohl Jung die gründlichste Auseinandersetzung des Ich mit der archetypischen Psyche beschreibt, fällt er nie in eine Identifikation mit dem Archetypus. Seine Einstellung bleibt immer die des begrenzten menschlichen Ich, es ist niemals inflationiert oder grandios.

Obgleich der Stil bescheiden ist, ist doch der Inhalt von einer Tiefe, die jenseits unseres gegenwärtigen Vermögens liegt, ihn zu assimilieren. Er legt den Grundstein für eine neue Weltsicht, für einen neuen Mythos des modernen Menschen, für einen neuen Heilsweg, der den Menschen auf eine neue Art und Weise mit der transpersonalen Psyche verbindet. In Jungs Worten könnten seine »Einsichten . . . wohl eine ungeheure Veränderung des Gottesbildes (bedeuten)«.[7]

In *confinio mortis* und am Abend eines langen, inhaltsreichen Lebens eröffnet sich der Blick oft in ungeahnte Fernen. Ein solcher Mann lebt nicht mehr in den Interessen des Alltags und den Peripetien persönlicher Beziehungen, sondern in der Schau über weite Zeiträume und in der säkularen Bewegung der Ideen.«[8]

Mit diesen Worten beschreibt Jung Johannes, den Autor der Offenbarung, aber sie treffen auch auf Jung selbst zu. Indem Jung sich mit der Qual Hiobs auseinandersetzt, heben sich die Jahrhunderte, welche die beiden Männer trennen, auf. Jung hat ganz wörtlich eine definitive Antwort auf Hiobs Frage gegeben: »Warum ist das Licht gegeben dem Mühseligen und das Leben den betrübten Herzen?« (Hiob 3,20) Diese Tatsache scheint mir so evident, daß ich es nicht als übertrieben betrachte, Jung mit Hiobs Worten zu verbinden: »Aber ich weiß, daß mein Erlöser lebt und daß er am letzten Tage auf der Erde stehen wird.« (Hiob 19,25) Diese sind die letzten Tage und Jungs Einsicht ist tatsächlich Hiobs Erlöser.

Der Titel dieses Kapitels spricht von einem neuen Weg, aber so lange als man wohltuend im alten enthalten ist, kann da keine Frage eines neuen aufkommen. Jung schreibt:

Ich wende mich . . . nicht an die beati possedentes des Glaubens, sondern an jene vielen, für die das Licht erloschen, das Mysterium versunken, und Gott tot ist. Für die meisten gibt es kein Zurück, und man weiß auch nicht genau, ob der Rückweg immer der bessere sei. Zum Verständnis der religiösen Dinge gibt es heute wohl nur noch den psychologischen Zugang, weshalb ich mich bemühe, historisch festgewordene Denkformen wieder einzuschmelzen und umzugießen in Anschauungen der unmittelbaren Erfahrung.«[9]

Der psychologische Zugang zur religiösen Bildersprache ist jemandem, der in einem bestimmten religiösen Mythos enthalten ist, in keiner Tiefe verfügbar. Jung drückt dies sehr deutlich aus:

Ich schreibe nicht für Gläubige, die bereits die ganze Wahrheit besitzen, sondern für ungläubige, aber intelligente Menschen, welche etwas *verstehen* wollen . . . Ich gebe Ihnen gerne zu, daß der Gläubige aus meiner *Antwort auf Hiob* nichts lernt, denn er hat schon alles ... Ich schreibe nur für Ungläubige ... Ich ... rate Ihnen deshalb, meine *Antwort auf Hiob* zuzuklappen und auf den Deckel als Klappentext zu schreiben: »Hier ist für den gläubigen Christen nichts zu holen.«[10]

Da der jüdisch-christliche Mythos am Beginn der westlichen Psyche steht, sind wir alle bis zu einem gewissen Grade Gläubige, entweder bewußt oder unbewußt; das heißt wir alle haben irgendein restliches psychisches Enthaltensein in diesem Mythos. Das bedeutet auch, daß *Antwort auf Hiob* ein Anstoß zum Ärgernis oder Mißverständnis für praktisch jedermann sein wird.
Ich muß hier eine Unterscheidung vornehmen zwischen Enthaltensein und Bezogensein. Es ist natürlich möglich, sich auf eine bestimmte Religion, Kirche oder religiöse Gemeinschaft zu beziehen, ja liebend zu beziehen, ohne in ihr enthalten zu sein. Enthaltensein ist ein unbewußtes Phänomen psychischer Identifikation. Man kann in einer Religion enthalten sein gerade so, wie man in einer Familie enthalten sein kann oder in anderen kollektiven Gruppen. In diesem Fall hat man keine individuelle, lebendige Beziehung zu den numinosen Archetypen. Auf eine Religion bezogen sein heißt jedoch, sich mit ihr aus seiner individuellen numinosen Erfahrung heraus zu verbinden. Im letzteren Fall haben wir keine Gemeinschaft von Gläubigen, sondern eher eine Gemeinschaft von Erkennenden, oder besser eine Gemeinschaft von Individuen, in der jeder ein Träger der lebendigen Erfahrung des Selbst ist.
Obgleich Jung besonders erwähnt, daß er sich an jene wendet, für die Gott tot ist, zeigt er auch auf, daß das archetypische Thema des Gottestodes Teil des christlichen Mythos ist. »Christus ist selber der Typus des sterbenden und sich wandelnden Gottes.«[11] Christus starb, aber er wurde nicht in seinem Grab gefunden. »Was sucht ihr den Lebenden bei den

Toten? Er ist nicht hier, sondern ist auferweckt worden.« (Lk 24,5–6) Jung schreibt:

Der Mythus sagt: Er werde dort nicht mehr gefunden, wo sein Leib niedergelegt wurde. Der »Leib« entspricht der äußeren, sichtbaren Form, der bisherigen, aber vorübergehenden Fassung des höchsten Wertes. Der Mythus sagt nun des weiteren aus, daß der Wert in wunderbarer Weise, aber gewandelt, wieder entsteht. Es erscheint als ein Wunder, denn wenn ein Wert verschwindet, scheint er jeweils unwiderbringlich verloren. Es ist daher durchaus unerwartet, daß er wiederkommen sollte. Die während der drei Todestage stattfindende Höllenfahrt beschreibt das Versinken des verschwundenen Wertes ins Unbewußte, wo er (im Sieg über die Macht der Finsternis) eine neue Ordnung herstellt, und von wo er wieder auftaucht bis zur Höhe des Himmels, d. h. bis zur höchsten Bewußtseinsklarheit. Da nur wenige den Auferstandenen sehen, so bedeutet das, daß keine geringen Schwierigkeiten bestehen, den gewandelten Wert wiederzufinden und zu erkennen.[12]

In *Antwort auf Hiob* unterwirft Jung den grundlegenden Mythos der westlichen Psyche einer intensiven bewußten Prüfung. Er anerkennt die Bildersprache als psychische Wirklichkeit und folgt den Andeutungen in den Bildern bis zu ihrem Ende. Dies wurde nie zuvor getan. Wie Jung sagt:

Es ist überhaupt erstaunlich, wie wenig man sich mit numinosen Gegenständen auseinandersetzt, und wie mühsam die Auseinandersetzung ist, wenn man sich einmal daran wagt. Die Numinosität des Gegenstandes erschwert dessen denkerische Behandlung, indem die Affektivität immer mit in Frage kommt. Man ist pro et contra beteiligt . . .«[13]

Ein religiöser Gläubiger wird sich davor fürchten, seinen unbewußten Zweifel einzugestehen. Hat einer keinen religiösen Glauben, wird er sich davor fürchten, seine spirituelle Leere zuzugeben. Diese sind die zwei häufigsten Quellen des Anstoßes für die Leser von *Antwort auf Hiob*. Entweder fühlt man sich verletzt, daß Jung Jahwe im Gegensatz zum dogmatischen Gottesbild, an das man glaubt, so frevelhaft beschreibt oder man nimmt Anstoß daran, daß Jung das primitive, anthropomorphe Gottesbild, das schon lange durch den rationalen Intellekt diskreditiert ist, so ernst nimmt. Ich wage zu behaupten, daß jeder in der ersten Begegnung mit *Antwort auf Hiob* bis zu einem gewissen Grad auf die eine oder andere, vielleicht auf beide Weisen Anstoß nehmen wird.

Wer auch immer sich ernstlich verletzt fühlt, wird nichts mehr mit *Antwort auf Hiob* zu tun haben wollen, und das ist recht so, denn was Nahrung für den einen ist, kann Gift für den andern sein. Wenn man hingegen darüber zu reflektieren beginnt, warum dieser vermeintlich weise und begabte Mann so seltsame Vorstellungen haben konnte, könnte man zur Entdeckung der Psyche geführt werden. »Was die Leute meist übersehen oder nicht verstehen können«, schreibt Jung, »ist der Umstand, daß ich die Psyche für wirklich halte.«[14] Dies ist das wesentliche Problem. Die Wirklichkeit der Psyche wurde erst in diesem Jahrhundert entdeckt und erst sehr wenige Menschen sind sich ihrer bewußt. *Antwort auf Hiob* ist aus einer vollkommenen Bewußtheit dieser Wirklichkeit geschrieben worden. Außer einer persönlichen Analyse ist das ernsthafte Studium von *Antwort auf Hiob* zusammen mit Jungs anderen Schriften vielleicht der beste Weg, die Wirklichkeit der Psyche für sich zu entdecken.

Im Nachwort von Antwort auf Hiob sagt Jung:

So sah ich mich gezwungen, das ganze Problem aufzunehmen, und dies tat ich, indem ich eine von subjektiven Emotionen begleitete persönliche Erfahrung beschrieb. Ich wählte diese Form absichtlich, weil ich den Eindruck, ich hätte beabsichtigt, eine »ewige Wahrheit« zu verkünden, vermeiden wollte. Das Buch soll nichts anderes sein als die fragende Stimme eines

Einzelnen, der hofft oder erwartet, der Nachdenklichkeit seiner Leser zu begegnen.«[15]

Tatsache ist jedoch, daß er eine ewige Wahrheit verkündet, und ich glaube, er wußte dies. Die Aussage ist die eines sehr weisen und besonnenen Mannes, der weiß, wie man sich dem *numinosum* nähern kann und wie man über es sprechen darf. *Antwort auf Hiob* ist ein psychologischer Kommentar zum gesamten hebräisch-christlichen Mythos, wie er in der Bibel im Alten und im Neuen Testament aufbewahrt und verehrt wird. Die Bibel besteht aus äußerst numinosen archetypischen Inhalten, denen sich zu nähern unter gewissen Bedingungen gefährlich ist. Dies ist nur dann relativ sicher, wenn man aus seiner einzigartigen individuellen Ganzheit funktioniert. Dafür legt Jungs Aussage im Nachwort Rechenschaft ab und sie erklärt seinen sehr persönlichen, subjektiven Zugang, den er in *Antwort auf Hiob* durchgehend gebraucht. In diesem Buch gibt uns Jung in der Tat ein Beispiel, wie mit dem aktivierten Unbewußten umgegangen werden muß: wir müssen uns mit ihm energisch einlassen mit all unseren Kräften des Geistes und Gemüts.

Die Bibel ist nur für den gefährlich, der sich der psychischen Wirklichkeit bewußt ist. Für jemanden, der in einer religiösen Orthodoxie eingebettet ist, ist sie nicht gefährlich. In diesem Fall sind die archetypischen Bilder wie die wilden Tiere hinter den Schranken des Glaubensbekenntnisses sicher eingesperrt. Die Bibel ist ebenfalls sicher, wenn man sich ihr von einem rein rationalen, intellektuellen Standpunkt aus annähert wie die Bibelwissenschaftler. In diesem Fall ist es, als ob man Filme von Afrika und seinen wilden Tieren studiert. Wenn man aber dem Unbewußten und der psychischen Wirklichkeit gegenüber offen ist und sich den numinosen Inhalten der Bibel nähert, ist es, als ob man auf eine richtige afrikanische Safari

geht und den ungezähmten Lebensmächten von Angesicht zu Angesicht begegnet.
Psychologisch besteht die Gefahr einer Inflation, dem Verschlungenwerden von einem Archetypus. Der beste Schutz ist die Verbindung zur eigenen Ganzheit, ganz gewiß die dunklen und schuldigen Begrenzungen eingeschlossen. Wie Jung uns mitteilt: »In diesem Falle tut man wohl gut daran, sich an Paulus und dessen Bewußtseinsspaltung zu erinnern: einerseits fühlt er sich als von Gott unmittelbar berufenen und erleuchteten Apostel, andererseits als sündigen Menschen, der den ›Pfahl im Fleische ...‹ nicht loszuwerden vermag.«[16]
Marie-Louise von Franz berichtet von Jung: »Als ihn einmal jemand fragte, wie er mit dem Wissen, das er in *Antwort auf Hiob* aufschrieb, leben könne, antwortete er: ›Ich setze mich in meine tiefste Hölle, und dort kann ich nicht mehr tiefer fallen.‹«[17]
Das zentrale Thema von *Antwort auf Hiob* ist wie im hebräisch-christlichen Mythos die Beziehung zwischen dem Menschen und Jahwe. Jung behandelt dieses Problem im Sinne psychischer Wirklichkeit, und wir werden ihn nur dann verstehen, wenn wir wissen, daß Jahwe eine psychische Wirklichkeit ist. Die Frage ist: Was bedeutet Jahwe psychologisch? In einem Seminar 1933 machte Jung folgende Anmerkungen:

Für das kollektive Unbewußte könnten wir das Wort Gott gebrauchen ... [Aber] ich ziehe es vor, keine großen Worte zu gebrauchen, ich bin ganz zufrieden mit bescheidener Wissenschaftssprache, weil sie den großen Vorteil hat, diese ganze Erfahrung in unsere unmittelbare Nähe zu bringen.
Sie wissen alle, was das kollektive Unbewußte ist. Sie haben gewisse Träume, die das Kennzeichen des kollektiven Unbewußten tragen: statt von dieser Tante und jenem Onkel zu träumen, träumen Sie von einem Löwen, und dann wird der Analytiker Ihnen sagen, daß dies ein mythologisches Motiv ist, und Sie werden verstehen, daß dies das kollektive Unbewußte ist ...

Dieser Gott ist nicht mehr Meilen abstrakten Raums entfernt in einer außerweltlichen Sphäre. Diese Gottheit ist kein Konzept in einem theologischen Textbuch oder in der Bibel; sie ist ein unmittelbarer Gegenstand, sie ereignet sich in Ihren Träumen in der Nacht, sie verursacht Magenschmerzen, Durchfall, Verstopfung und eine Anzahl von Neurosen . . . Wenn Sie versuchen, es zu formulieren, darüber nachzudenken, was das Unbewußte letztlich ist, enden Sie mit der Feststellung, daß es das ist, womit die Propheten sich befaßt haben; es klingt genau wie so manches im Alten Testament. Dort sendet Gott einigen Leuten Heimsuchungen, er versengt ihre Knochen in der Nacht, verletzt ihre Nieren, er verursacht alle möglichen Scherereien. Da kommt man natürlich in ein Dilemma: Ist das wirklich Gott? Ist Gott eine Neurose? . . . Ich gebe zu, es ist ein schockierendes Dilemma, aber wenn Sie konsequent und logisch denken, kommen sie zu der Schlußfolgerung, daß Gott tatsächlich ein höchst schockierendes Problem ist. Und dies ist die Wahrheit, Gott hat Menschen ihres Verstandes beraubt. Denken Sie daran, was er dem armen alten Hosea antat. Er war ein angesehener Mann und mußte eine Prostituierte heiraten. Vermutlich litt er an einer merkwürdigen Art von Mutterkomplex.[18]

Fünfundzwanzig Jahre später, 1958, schreibt Jung das folgende in einem wichtigen Brief an Morton Kelsey:

Der Stein des Anstoßes ist das Fehlen menschlicher Moral in Jahwe. Darüber kann nicht hinweggesehen werden; ebensowenig über die Tatsache, daß auch die Natur, Gottes Schöpfung, kaum an ihre Zielgerichtetheit oder, im menschlichen Sinn, Vernünftigkeit glauben läßt. Man vermißt Vernunft und moralische Wertungen, d. h. zwei charakteristische Züge des reifen menschlichen Geistes. So ist das jahwistische Gottesbild – oder der Gottesbegriff – zweifellos manchen menschlichen Wesen unterlegen: es ist das Bild einer personifizierten brutalen Kraft und einer unethischen und ungeistigen Gesinnung, das jedoch in seiner Widersprüchlichkeit neben dem gewaltigen Machttrieb Züge von Güte und Großmut trägt. Es ist das Bild einer Art dämonischer Naturgottheit und zugleich eines in ungeheure Größe gesteigerten Anführers, so wie es von einer mehr oder weniger urtümlichen

Gesellschaft nicht anders erwartet werden konnte – cum grano salis.
Selbstverständlich wurde dieses Bild nicht erdacht, noch war es eine intellektuelle Formulierung, vielmehr handelte es sich um eine spontane Offenbarung, d. h. eine religiöse Erfahrung von Männern wie Samuel und Hiob, und darum bewahrt es bis zum heutigen Tag seine Gültigkeit. Noch immer fragen Menschen: wie ist es möglich, daß Gott solche Dinge zuläßt? Auch dem christlichen Gott müßte die Frage gestellt werden: Warum läßt Du Deinen einzigen Sohn um der Unvollkommenheit Deiner Schöpfung willen leiden?...
Die furchtbare Unvollkommenheit des Gottesbildes muß erklärt oder verstanden werden. Die nächstliegende Analogie ist unsere Erfahrung des Unbewußten: Das Unbewußte ist eine Psyche, deren Wesen nur durch Paradoxa umschrieben werden kann: es ist persönlich und unpersönlich, moralisch und unmoralisch, gerecht und ungerecht, ethisch und unethisch, von einer schlauen Intelligenz und gleichzeitig blind, überaus stark und äußerst schwach etc. Dies ist die psychische Grundlage, welche den Baustoff zu unseren Begriffsstrukturen liefert. Das Unbewußte ist ein Stück Natur, das unser Geist nicht erfassen kann. Er kann nur auf Grund einer möglichen und begrenzten Erkenntnis Modelle entwerfen.[19]

In *Antwort auf Hiob* schreibt Jung:

Daß die Gottheit auf uns wirkt, können wir uns mittels der Psyche feststellen, wobei wir aber nicht zu unterscheiden vermögen, ob diese Wirkungen von Gott oder vom Unbewußten kommen, d. h. es kann nicht ausgemacht werden, ob die Gottheit und das Unbewußte zwei verschiedene Größen seien. Beide sind Grenzbegriffe für transzendentale Inhalte. Es läßt sich aber empirisch mit hinreichender Wahrscheinlichkeit feststellen, daß im Unbewußten ein Archetypus der Ganzheit vorkommt... Das Gottesbild koinzidiert, genau gesprochen, nicht mit dem Unbewußten schlechthin, sondern mit einem besonderen Inhalt desselben, nämlich mit dem Archetypus des Selbst.[20]

Kurz vor seinem Tode, 1961, wurde Jung von einem Journalisten über seine Vorstellung von Gott befragt. Er antwortete: »Bis zu diesem Tage ist Gott der Name, mit dem ich alle Dinge bezeichne, die meine vorsätzlichen Wege gewalttätig und rücksichtslos durchkreuzen; alle Dinge, die meine subjektive Sicht, meine Pläne und Absichten umwerfen und die den Lauf meines Lebens zum Guten oder Schlechten ändern.«[21]

Fassen wir alle Zitate zusammen, so läßt sich sagen, daß Jahwe als psychische Wirklichkeit eine Personifikation des kollektiven Unbewußten ist, vornehmlich in seinem Aspekt des Zentrums und der Totalität, des Selbst. Dieses drückt sich in Träumen und Phantasien archetypischer Natur aus, außerdem in Affekten, Instinkt- und intensiven Energie-Manifestationen vielerlei Gestalt, in psychischen und somatischen Symptomen und in seiner spezifischen Qualität von »Andersheit«, die den Wünschen und Erwartungen des Ich entgegenstehen. Da die Synchronizitätsphänomene eine fließende Grenze zwischen der inneren und äußeren Wirklichkeit beinhalten, kann das Unbewußte sowohl von außen als auch von innen zu uns kommen. Deshalb kann Jung sagen: »Gott (ist) das Wirkliche schlechthin.«[22]

Antwort auf Hiob beginnt mit einer Untersuchung von Hiobs Auseinandersetzung mit Jahwe. Das Buch Hiob kann als Wendepunkt im Alten Testament betrachtet werden. Zum ersten Mal nimmt hier Jahwe einen Menschen als Individuum und nicht als Repräsentanten Israels, des nationalen Kollektivs, in Anspruch. Dieses Buch markiert somit den Übergang von kollektiver zu individueller Psychologie, von der Auserwählung eines Volkes zu der Auserwählung eines Individuums, das sich nun mit dem *numinosum* in eigener Verantwortung auseinandersetzen muß, ohne unterstützendes Enthaltensein in einer Identifikation mit einer Nation oder religiösen Doktrin. Jung fühlte offensichtlich, daß seine Auseinandersetzung mit den Unbewußten Hiobs Auseinandersetzung mit Jahwe entsprach; deshalb schreibt er:

Für mich gilt das abendländliche Gottesbild, ob ich intellektuell beistimme oder nicht. Ich treibe keine Religionsphilosophie, sondern ich bin ergriffen, beinah erschlagen und wehre mich nach Kräften ..., meine lebendige Ergriffenheit ... ist lokal, barbarisch, infantil und abgründig unwissenschaftlich.[23]

Jung war entsetzt von der Art und Weise wie Jahwe mit Hiob umging. Gerade so muß er entsetzt gewesen sein angesichts der Qualen, die er, Jung, in seiner Auseinandersetzung mit dem Unbewußten auszustehen hatte. In einem Seminar 1932 bringt Jung dies impulsiv zum Ausdruck:

Als Jahwe daran war, Hiob einen besonders schlechten Trick zu spielen, hielt er eine Zusammenkunft mit dem Teufel ab und sie besprachen, was sie mit dem armen Kerl auf der Erde machen könnten. Dies ist gerade so, als wären Menschen zusammengekommen, um zu beratschlagen, was sie tun könnten, um einen Hund zu hänseln und zu quälen. Es war äußerst unmoralisch, aber dies wurde damals nicht erkannt, andernfalls würden die Leute darüber nicht so naiv gewesen sein.[24]

Indem Jung Hiobs Erfahrung wiedererlebte und indem er ein modernes Bewußtsein einbrachte, entdeckte er einen erstaunlich neuen Sinn in dieser Erfahrung. Weil Hiob seinen Standpunkt behauptete und seinem eigenen bewußten Urteil treu blieb, unterlag er nicht der moralischen Verurteilung seiner »Tröster« und schuf »damit jenes Hindernis ..., an dem das Wesen Jahwes offenbar werden muß(te).«[25] Da Hiob nicht zum Opfer der Behauptung wurde, alles Gute sei Gottes und alles Schlechte des Menschen, war er fähig, Gott zu erkennen und sein Verhalten zu sehen als das eines »unbewußten Wesens, das man nicht moralisch beurteilen kann: Jahwe ist ein *Phänomen* und«, wie Hiob sagt, »›nicht ein Mensch‹«.[26] Das Resultat ist, daß Hiob, der Mensch, wegen seiner bewußten Wahrnehmung über Jahwe erhöht wurde. Und weiter:

Wenn Hiob Gott erkennt, dann muß auch Gott sich selber erkennen. Es konnte nicht sein, daß Jahwes Doppelnatur aller Welt ruchbar wurde und nur ihm selber verborgen blieb. Wer Gott erkennt, wirkt auf ihn. Das Scheitern des Versuches, Hiob zu verderben, hat Jahwe gewandelt.[27]

Mit anderen Worten: *»Die Auseinandersetzung mit der Kreatur wandelt den Schöpfer.«*[28]
Nach Rivkah Kluger drückte Jung es einmal so aus:

In seiner großen Schlußrede offenbart sich Gott Hiob in seiner ganzen Furchtbarkeit. Es ist, als ob er Hiob sagen würde: Siehst du, so bin ich. Darum habe ich so an dir gehandelt. – Durch das Leiden, das er Hiob aus seiner Natur heraus angetan hat, ist Gott zu dieser Selbsterkennntis gekommen und gesteht sein Wissen um seine Furchtbarkeit Hiob gewissermaßen ein. *Und das ist das Erlösende für den Menschen Hiob*. Hier liegt recht eigentlich die Lösung des Hiob-Rätsels, d. h. eine wahrhafte Rechtfertigung für das Schicksal Hiobs, das ohne diesen Hintergrund in seiner Grausamkeit und Ungerechtigkeit offenes Problem bliebe. Hiob wird hier sichtbar als Opfer, aber auch als Träger des göttlichen Schicksals, und das gibt seinem Leiden Sinn und seiner Seele Befreiung.[29]

Hiob ist ein Opfer für Jahwes sich entwickelndes Bewußtsein, »der äußere Anlaß zu einer innergöttlichen Auseinandersetzung.«[30] Hier haben wir eine wahrhaft revolutionäre Erkenntnis, eine die sicherlich Jahrhunderte brauchen wird, um ins allgemeine Bewußtsein einzugehen.
Wie zuvor erwähnt, ist Hiob das Buch des Wendepunkts im Alten Testament. Psychologisch betrachtet repräsentiert das Alte Testament als Ganzes einen unermeßlichen, in der Kollektivpsyche sich entfaltenden Individuationsprozeß. Seine zentrale Krise ist Hiob und seine Kulmination ist die Mandala-Vision des Ezechiel. Diese Vision ist wirklich ein grundlegendes Symbol der westlichen Psyche. Wie fundamental sie ist, läßt sich an der Tatsache erkennen, daß Jung sie als Basis für

sein differenziertestes Modell des Selbst gebraucht (beschrieben in *Aion*).[31] Sie befindet sich im ersten Ezechiel-Kapitel und lautet wie folgt:

Ich sah: Ein Sturmwird kam von Norden, eine große Wolke mit flackerndem Feuer, umgeben von einem hellen Schein. Aus dem Feuer strahlte es wie glänzendes Gold. Mitten darin erschien etwas wie vier Lebewesen. Und das war ihre Gestalt: Sie sahen aus wie Menschen. Jedes der Lebewesen hatte vier Gesichter und vier Flügel. Ihre Beine waren gerade und ihre Füße wie die Füße eines Stieres; sie glänzten wie glatte und blinkende Bronze. Unter den Flügeln an ihren vier Seiten hatten sie Menschenhände. [Auch Gesichter und Flügel hatten die vier.] Ihre Flügel berührten einander. Die Lebewesen änderten beim Gehen ihre Richtung nicht: Jedes ging in die Richtung, in die eines seiner Gesichter wies.
Und ihre Gesichter sahen so aus: Ein Menschengesicht (blickte bei allen vier nach vorn), ein Löwengesicht bei allen vier nach rechts, ein Stiergesicht bei allen vier nach links und ein Adlergesicht bei allen vier (nach hinten). Ihre Flügel waren nach oben ausgespannt. Mit zwei Flügeln berührten sie einander, und mit zwei bedeckten sie ihren Leib. Jedes Lebewesen ging in die Richtung, in die eines seiner Gesichter wies. Sie gingen, wohin der Geist sie trieb, und änderten beim Gehen ihre Richtung nicht.
Zwischen den Lebewesen war etwas zu sehen wie glühende Kohlen, etwas wie Fackeln, die zwischen den Lebewesen hin- und herzuckten. Das Feuer gab einen hellen Schein, und aus dem Feuer zuckten Blitze. Die Lebewesen liefen vor und zurück, und es sah aus wie Blitze.
Ich schaute auf die Lebewesen: Neben jedem der vier sah ich ein Rad auf dem Boden. Die Räder sahen aus, als seien sie aus Chrysolith gemacht. Alle vier Räder hatten die gleiche Gestalt. Sie waren so gemacht, daß es aussah, als laufe ein Rad mitten im andern. Sie konnten nach allen vier Seiten laufen und änderten beim Laufen ihre Richtung nicht. Ihre Felgen waren so hoch, daß ich erschrak; sie waren voll Augen, ringsum bei allen vier Rädern. Gingen die Lebewesen, dann liefen die Räder an ihrer Seite

Die Vision des Ezechiel.
(Aus: Manerius-Bibel; Bibliothèque Nationale, Paris.)

mit. Hoben sich die Lebewesen vom Boden, dann hoben sich auch die Räder. Sie liefen, wohin der Geist sie trieb. Die Räder hoben sich zugleich mit ihnen; denn der Geist der Lebewesen war in den Rädern. Gingen die Lebewesen, dann liefen auch die Räder; blieben jene stehen, dann standen auch sie still. Hoben sich jene vom Boden, dann hoben sich die Räder zugleich mit ihnen; denn der Geist der Lebewesen war in den Rädern.
Über den Köpfen der Lebewesen war etwas wie eine gehämmerte Platte befestigt, furchtbar anzusehen, wie ein strahlender Kristall, oben über ihren Köpfen. Unter der Platte waren ihre Flügel ausgespannt, einer zum andern hin. Mit zwei Flügeln bedeckte jedes Lebewesen seinen Leib. Ich hörte das Rauschen ihrer Flügel; es war wie das Rauschen gewaltiger Wassermassen, wie die Stimme des Allmächtigen. Wenn sie gingen, glich das tosende Rauschen dem Lärm eines Heerlagers. Wenn sie standen, ließen sie ihre Flügel herabhängen. Ein Rauschen war auch oberhalb der Platte, die über ihren Köpfen war. Wenn sie standen, ließen sie ihre Flügel herabhängen.
Oberhalb der Platte über ihren Köpfen war etwas, das wie Saphir aussah und einem Thron glich. Auf dem, was einem Thron glich, saß eine Gestalt, die wie ein Mensch aussah. Oberhalb von dem, was wie seine Hüften aussah, sah ich etwas wie glänzendes Gold in einem Feuerkranz. Unterhalb von dem, was wie seine Hüften aussah, sah ich etwas wie Feuer und ringsum einen hellen Schein. Wie der Anblick des Regenbogens, der sich an einem Regentag in den Wolken zeigt, so war der helle Schein ringsum. So etwa sah die Herrlichkeit des Herrn aus. (Ez 1)

Diese großartige Vision ist das differenzierteste Symbol des *numinosum,* welches im Alten Testament zu finden ist. Frühere Versionen des *numinosum,* die in dieser Vision anklingen, sind die Wolkensäule bei Tag und die Feuersäule bei Nacht (3. Mose 13,21), der brennende Busch, aus dem Jahwe zu Mose sprach (3. Mose 3,2), und die Wolke, die über dem Tabernakel schwebte (3. Mose 40,34).
Die Ezechiel-Vision ist ein Mandala, jener Typus eines symbolischen Bildes, das die Spitzenerfahrung des Individua-

tionsprozesses kennzeichnet, wie er in der Psychotherapie beobachtet wird. Wir können diese Vision folglich als von gleicher Bedeutung für den kollektiven Individuationsprozeß betrachten, von dem das Alte Testament ja einen Bericht darstellt. Psychologisch verstanden ist sie die Kulmination des Alten Testaments und der Beginn der späteren jüdischen Mystik,[32] als auch der kabbalistischen Spekulation. Die Bildersprache dieser Vision wurde auch in christliche Mandalas übernommen, in denen die vier Evangelisten den vier Tieren der Vision Ezechiels entsprechen und die vier Säulen des Thrones Christi bilden. Die Tiefenpsychologie gebraucht nun wieder dieses große visionäre Symbol als Modell für den Archetypus des Selbst.

Jahwe erlitt eine moralische Niederlage in seiner Begegnung mit Hiob, und das unbemerkte Resultat war, daß der Mensch über Jahwe erhoben wurde. Dies verlangte von Jahwe, den Menschen »aufzuholen«. Gott muß von nun an Mensch werden. Er muß sich inkarnieren. Jung beschreibt, wie die Vision des Ezechiel die Erhöhung des Menschen offenbart:

Das erste große Gesicht besteht in zwei wohlgeordneten und zusammengefaßten Quarternitäten, d. h. Ganzheitsvorstellungen, wie wir sie auch heute noch vielfach als spontane Phänomene beobachten. Ihre quinta essentia ist dargestellt durch eine »Gestalt, wie ein Mensch anzusehen«. Ezechiel hat hier den wesentlichen Inhalt des Unbewußten geschaut, nämlich *die Idee des höheren Menschen,* vor dem Jahwe moralisch unterlag und zu dem er später werden wollte.[33]

Ezechiel hat die Annäherung Jahwes an den Menschen im Symbol erfaßt, was Hiob zwar erlebt, aber wahrscheinlich nicht gewußt hat: nämlich daß sein Bewußtsein höher steht als dasjenige Jahwes, und daß infolgedessen Gott Mensch werden will. Zudem tritt bei Ezechiel zum erstenmal der Titel »Menschensohn« auf, mit dem Jahwe bezeichnenderweise den Propheten anredet und damit vermutlich andeutet, daß er ein Sohn des »Menschen« auf dem Throne ist; eine Präfiguration der viel späteren Christusoffenbarung![34]

Der Begriff »Menschensohn«, der auf Enoch, Ezechiel und den Messias Anwendung fand, ist rätselhaft. Jung sagt dazu:

Ezechiel . . . schaut die Vermenschlichung und Differenzierung Jahwes, und durch die Anrede »Menschensohn« wird ihm bereits angedeutet, daß die Inkarnation und Quarternität Gottes sozusagen das pleromatische Vorbild dafür sei, was dem Menschen schlechthin, nicht bloß dem seit Ewigkeit vorgesehenen Gottessohn, durch die Wandlung und Menschwerdung Gottes geschehen werde.[35]

Ezechiels Vision, die Gott in Form eines Mannes zeigt, weist also darauf hin, daß Jahwe im Pleroma, d. h. im Unbewußten, bereits eine menschliche Inkarnation durchgemacht hat. Folglich ist der Begriff Gottessohn mit dem Begriff Menschensohn synonym, weil Gott Mensch geworden ist. Die Menschheit ist nun überraschenderweise in den Prozeß göttlicher Transformation eingefangen. Gott ist im Menschen durchgebrochen und der Mensch ist Teilhaber am göttlichen Drama geworden. Diese Tatsache blieb auf der symbolischen, projizierten Ebene, solange der Prozeß auf einen Menschen (Christus) beschränkt war, der als göttlich verehrt wurde. Aber jetzt, mit dem psychologischen Verständnis dieser Symbolik, wird die Erfahrung potentiell allen Menschen verfügbar.
Die Erniedrigung des relativen Status Jahwes wurde als Hauptthema auch im Gnostizismus aufgenommen. Ialdabaoth, der gnostische Demiurg, der die Welt schuf und mit Jahwe gleichgesetzt wurde, wird in gnostischen Texten als unwissend und eingebildet bezeichnet. Laut einem Text, der von Hans Jonas zitiert wird, rühmte er sich: »›Ich bin Vater und Gott und da ist niemand über mir‹, worauf seine Mutter

(die niedere Sophia) erwiderte: ›Lüge nicht, Ialdabaoth: über Dir ist der Vater aller, der Erste Mensch, und Mensch der Sohn des Menschen.‹«[36] Jonas sagt:

Diese Erhöhung nun des »Menschen« zu einem überweltlichen Gott, der – wo nicht der erste – jedenfalls früher und erhabener ist als der Weltschöpfer, ist einer der bedeutsamsten Aspekte der gnostischen Mythologie in der allgemeinen Religionsgeschichte . . . er zeigt einen neuen metaphysischen Status des Menschen in der Seinsordnung an.[37]

Wir begegnen demselben Bild eines primitiven, unbewußten Gottes, welcher der Erleuchtung bedarf, in modernen Träumen. Zum Beispiel träumte eine Frau:

Ich fahre durch die Wüste. Da ist ein schreckliches, böses Ding, ein Gorilla-Affenmensch, der Menschen zerstört. Ich sehe mehrere persönliche Gegenstände zerstreut liegen und fürchte, daß einige Leute eine Begegnung mit dem Affen hatten und dabei zerstört wurden. Ich fühle mich in meinem Wagen sicher. Da sehe ich »es« auf mich zukommen. Schnell schließe ich die Türen meines Autos und berechne, wie ich ihm ausweichen könnte, um dann mit vollem Tempo zu entkommen. Als ich erkenne, daß es sich mit großer Geschwindigkeit nähert, so daß ich ihm nicht aus dem Wege gehen kann, entschließe ich mich, in es hineinzurasen und es zu betäuben, um auf diese Weise davonzukommen. In dem Moment, da die Verbindung zwischen uns hergestellt ist, wird mein Auto völlig umgedreht und es packt das Auto. Dann geschieht etwas Unglaubliches: Da ist ein blaues Licht, eine blaue Aura überall um uns herum und ich höre eine Stimme zu mir sprechen, aber mittels einer Art mentaler Telepathie. Es ist der Affe, der direkt zu meinem Verstand spricht. Er spricht über Gott, der auf der Erde inkarniert ist, und über Christus und die wahre Bedeutung des Christentums. Die Wirkung ist so bewegend und mächtig, wie ich sie manchmal erfahre, wenn ich das Neue Testament lese. Ich bin verblüfft, weil ich »es« als die letztendliche zerstörerische Kraft auf Erden angesehen hatte, und nun zeigt es sich, daß es einige wichtige Botschaften zu vermitteln hat. Nach der Auseinandersetzung fühle ich mich nicht mehr tödlich bedroht. Vielleicht wünscht es, mich von meinem niederen, ungeistigen Zustand zu erlösen – oder vielleicht möchte es, daß ich ihn von demselben Zustand erlöse!

Dieser inhaltsschwere Traum veranschaulicht die gegenwärtige Verfassung des Ich des westlichen Menschen vis-à-vis Gott. Wir stehen nun davor, der dunklen Seite Gottes zu begegnen, dem *deus absconditus,* der in den Darstellungen unserer traditionellen Formulierungen außer Betracht gelassen wurde. Und es gibt einen Hinweis, daß Gott in dieser Auseinandersetzung die Hilfe des Menschen braucht.
Nach dem Lesen von *Antwort auf Hiob* hatte ein Mann diesen Traum:

Ich sehe einen riesigen affenähnlichen Mann ohne Nacken – sein enormer Kopf sitzt direkt auf seinen Schultern. Er ist nackend und blickt wollüstig zu einer Frau. Mein Gefühl sagt mir, er müsse erzogen werden, deshalb fordere ich ihn auf, Kleider anzuziehen. Laut tönend Flatus ausstoßend verläßt er den Raum.

Der Träumer assozierte den affenähnlichen Menschen mit Jahwe sowie mit einem autistischen Knaben seiner Bekanntschaft. Einen solchen Traum mit Gott zu verbinden, ist natürlich für den traditionellen Standpunkt beleidigend. Und dennoch ist dies die Art schockierender Tatsachen, denen wir begegnen, wenn wir die empirische Methode zur Erforschung der Psyche anwenden. Wie Jung sagt: »Gott ist ein höchst schockierendes Problem.«[38]
Die Idee eines unbewußten Gottes, der des Menschen bedarf, ist für den westlichen Verstand überaus schwierig anzunehmen. Selbst Jungs begabter Schüler und Kollege Erich Neumann war unfähig, sie zu akzeptieren. In einem Brief an Jung schrieb er 1959: »Wozu die Schöpfung? die Antwort, damit in unendlicher Vielfalt leuchtet, was ungespiegelt nur in sich selber leuchtet, ist uralt, aber befriedigt mich.«[39] Darauf erwiderte Jung:

Da eine Schöpfung ohne das reflektierende Bewußtsein des Menschen keinen erkennbaren Sinn hat, so wird mit der Hypothese des latenten Sinnes dem Menschen eine kosmogonische Bedeutung zugedacht, eine wahrhafte raison d'être. Wenn dagegen dem Schöpfer der latente Sinn als bewußter Schöpfungsplan zugeschrieben wird, dann entsteht die Frage: warum sollte der Schöpfer dieses ganze Weltphänomen veranstalten, da er ja bereits darum weiß, worin er sich spiegeln könnte, und warum sollte er sich spiegeln, da er ja bereits seiner selbst bewußt ist? Wozu sollte er neben seiner omniscientia ein zweites minderwertiges Bewußtsein erschaffen? gewissermaßen Milliarden von trüben Spiegelchen, von denen er ja schon zum voraus weiß, wie das Bild sein wird, das sie wiedergeben können.
Nach all diesen Überlegungen bin ich zum Schluß gekommen, daß die Ebenbildlichkeit nicht nur für den Menschen gilt, sondern auch für den Schöpfer: er ist dem Menschen ähnlich oder gleich, d. h. u. a. so unbewußt wie er oder noch unbewußter, da er entsprechend dem Mythus der incarnatio sich sogar veranlaßt fühlt, Mensch zu werden und sich den Menschen zum Opfer anzubieten.[40]

Ein anderer Freund Jungs liefert ein noch schmerzlicheres Beispiel. Pater Victor White, ein katholischer Priester, war unfähig, Jungs Interpretation von Hiob anzunehmen. Er gab seiner Kritik in einer Rezension von *Antwort auf Hiob* Ausdruck, aus der ich einen längeren Abschnitt zitieren werde, weil sie das allgemeine Phänomen des Enthaltenseins in einem religiösen Glauben, verbunden mit einer reduktiv-personalistischen Einstellung gegenüber der Psyche veranschaulicht. Pater White schrieb:

Ist es nützlich, oder auch nur vernünftig, die Götter eines Patienten zu analysieren, ohne auch den Patienten zu analysieren, oder ohne auch nur einen Blick auf seine Krankengeschichte zu werfen? Kann sie irrelevant sein im Hinblick auf alles, was folgt, denn wie die Anfangsverse des Buches Hiob uns berichten, ist Hiob materiell wohlhabend und spirituell nachlässig, »meidet« er das Böse (im Hebräischen bedeutet es »wendet sich ab von«,

»ignoriert«), macht er seine Kinder zu Trinkern und ist er ausgerechnet wegen des Verdachts, daß sie lästern könnten, von Angst getrieben und versucht er, seine Angst durch »kontinuierliche« – anscheinend obsedierende Rituale abzuwehren. Ist nicht der nachfolgende »Prolog im Himmel« eindeutig eine Projektion dieses »Prologs auf der Erde«, die Gott-Satan-Spaltung eine Projektion von Hiobs eigener Ich-Schatten-Spaltung? Können wir die archetypischen Mätzchen als »autonom«, unabhängig von Hiobs gestörtem und ängstlichen Ich betrachten? Und ist es nicht symptomatisch für dieselbe Abspaltung des Ich vom Schatten, daß in dem Maße, wie Hiob seine Repressionen intensiviert, seine Ehefrau-Anima krank und seiner infantilen Frömmigkeit müde wird, sein »Satan« seine Kinder zerstört, psychosomatische Geschwüre produziert und ihn dazu treibt, sich aus dem Leben auf einen Misthaufen zurückzuziehen? Ist nicht die rationalistische Unterhaltung mit seinen drei »Freunden« typisch für die Agonie und Futilität neurotischer Rationalisierungen in Gegenwart unbewußter, existentieller Schuld, die irrtümlicherweise für moralische Schuld gehalten wird? . . . Aber vor allem treibt es mich zu fragen, welche Lehre soll ich als Schüler der Psychologie eigentlich hieraus ableiten? Daß wir legitimerweise unsere persönlichen Spaltungen und unser Ungemach auf unsere Götter und Archetypen übertragen können und ihnen die Schuld zuschreiben? Wenn dies der Fall ist, welchen weiteren Nutzen hat dann die Psychologie? Oder überhaupt das Ringen der Menschheit um die Befreiung von der Tyrannei dunkler Götter während der vergangenen drei Jahrtausende? Oder haben die Kritiker recht, welche die Jungianer als von den Archetypen so besessen geworden betrachten, daß sie in Gefahr sind, die elementare personale Psychologie völlig preiszugeben?[41]

Dies ist ein treffendes Beispiel dafür, wie das Sprechen über ein archetypisches Symbol dieses in der Umgebung konstellieren kann. Indem Jung Hiobs Seite vertritt, ermutigt er andere, ihn mit Hiob zu identifizieren. Pater White tut dies und lebt dann die Rolle eines der »Tröster« Hiobs aus, indem er Jung zurechtweist. Ich möchte Ihre Aufmerksamkeit in Pater Whites Kritik auf die Ausdrücke »sein Satan« und »un-

sere Götter und Archetypen« lenken. Diese Ausdrucksweise enthüllt sein personalistisches Mißverständnis der archetypischen Psyche. Dies ist unvermeidlich für jenen, für den die archetypische Psyche in einem religiösen Glauben enthalten geblieben ist. In diesem Fall sind die Archetypen als metaphysische Entitäten verstanden und sind noch nicht als *psychische* Wirklichkeit in Erscheinung getreten. Für einen solchen Menschen können psychische Symbole nur personalen Bezug haben und religiöse Symbole, zumindest die Symbole der eigenen Religion, nur metaphysischen. Gott ist noch nicht in die Psyche durchgebrochen.
Jung antwortete auf Whites kritische Rezension in einem Brief. Dieser Brief ist besonders mäßig, weil Jung gerade gehört hatte, daß Pater White an einem bösartigen Darmtumor litt; an diesem ist er dann zwei Monate später im Alter von achtundfünfzig Jahren gestorben.

Angenommen, Hiob sei neurotisch, wie sich aus den Andeutungen im Text leicht ablesen läßt, so leidet er an einem bedauerlichen Mangel an Einsicht in seine eigene Dissoziation. Er macht eine Art Analyse durch, wenn er Elihus weisen Ratschlägen folgt. Wovon er hören und was er erkennen wird, sind die verdrängten Inhalte seines persönlichen Unterbewußteins, seines Schattens, aber nicht die göttliche Stimme, wie Elihu meint. Sie deuten leise an, daß auch ich Elihus Irrtum begehe, insofern ich mich vor allem auf Archetpyen beziehe und den Schatten übergehe. *Man kann den Schatten nicht übergehen,* außer man bleibt neurotisch, und solange man neurotisch ist, hat man den Schatten übergangen. Der Schatten ist das Hindernis, das uns am wirksamsten von der göttlichen Stimme trennt. Darum gehört Elihu, obwohl er grundsätzlich die Wahrheit spricht, zu jenen törichten Jungianern, die Ihrer Auffassung nach den Schatten umgehen und auf der Suche nach Archetypen sind, d. h. nach den »göttlichen Entsprechungen« – für die personalistische Theorie übrigens nur getarnte Ausweichmöglichkeiten.
Wenn es Hiob gelingt, seinen Schatten zu schlucken, wird er tief

beschämt sein über das Geschehene: er wird einsehen, daß er nur sich selbst anzuklagen hat, denn es waren seine Selbstgefälligkeit, Tugendhaftigkeit, Buchstabengläubigkeit etc., die all das Unglück über ihn brachten. Die eigenen Unvollkommenheiten hatte er nicht gesehen, sondern Gott angeklagt. Natürlich wird er in einen Abgrund von Verzweiflung und Minderwertigkeitsgefühlen stürzen, und falls er überlebt, wird tiefe Reue folgen. Er wird sogar an seiner geistigen Gesundheit zweifeln, weil er durch seine Selbstgefälligkeit einen wahren Aufruhr an Emotionen verursacht und sich in seiner Verblendung eingebildet hatte, eine göttliche Macht würde einschreiten – offensichtlich ein Fall von Größenwahn. Nach einer solchen [personalistischen] Analyse wird er weniger als je zum Glauben neigen, er habe Gottes Stimme vernommen. Oder hat Freud mit all seiner Erfahrung je einen solchen Schluß gezogen? Wenn Hiob als Neurotiker betrachtet und vom personalistischen Standpunkt aus gedeutet wird, dann wird er dort enden, wo die Psychoanalyse endet, nämlich in Desillusionierung, dort, wo ohne jeden Zweifel auch ihr Schöpfer endete.
Da ich dieses Ergebnis etwas unbefriedigend und auch empirisch nicht ganz berechtigt fand, schlug ich als Antwort auf das vom Schatten gestellte Problem die Hypothese der Archetypen vor.[42]

Jung stellt hier die Crux der Sache dar. Wenn die psychischen Symbole, die das *numinosum* ausdrücken – der höchste Sinn und Wert der Psyche – personalistisch und reduktiv verstanden werden, wird die Seele zerstört, und man bleibt mit Desillusionierung, Resignation und Verzweiflung zurück. Wenn man sich hingegen, wie Hiob, nicht einer personalistisch-reduktiven Interpretation seiner inneren Agonie beugt – einer Interpretation, die ihn glauben machen möchte, es sei alles seine eigene Schuld – mag einem, wie Hiob, eine Erfahrung des *numinosum* vergönnt sein. Und diese Erfahrung bringt die Bewußtheit mit sich, daß das Ich einen Existenz*grund* hat und daß es für die Verwirklichung des Selbst benötigt wird.

Die personalistisch-reduktive Einstellung eignet einem naiven, uninitiierten, egozentrischen Bewußtsein, das kein anderes psychisches Zentrum kennt außer seinem eigenen. Jung sagt:

Alle modernen Menschen fühlen sich in der Welt der Psyche allein, weil sie annehmen, daß es dort nichts gäbe als das, was sie sich ausgedacht haben. Dies ist der beste Beweis unserer Gottesallmacht, die einfach daher kommt, daß wir glauben, alles Psychische zu erdichten – und daß nichts getan würde, wenn nicht wir es täten; denn dies ist unsere grundlegende Vorstellung und sie ist eine merkwürdige Anmaßung ... Dann ist man ganz allein in der Psyche genau wie der Schöpfer vor seiner Schöpfung. Aber durch eine gewisse Schulung ... geschieht plötzlich etwas, was man nicht selbst geschaffen hat, etwas Objektives, und dann ist man nicht länger allein. Das ist der Gegenstand gewisser Initiationen, Menschen zu schulen, etwas zu erfahren, das nicht ihre Absicht ist, etwas Seltsames, etwas Objektives, mit dem sie sich nicht identifizieren können ...
Diese Erfahrung der objektiven Wirklichkeit ist überaus wichtig, weil es die Gegenwart von etwas bedeutet, welches nicht das Ich ist, jedoch noch immer psychisch ist. Solche Erfahrung kann einen Höhepunkt erreichen, wo sie zur Gotteserfahrung wird.[43]

Hiob übernahm keine persönliche Schuld oder Verantwortung für seine Not, vielmehr bestand er darauf, daß er nicht der Schöpfer von allem sei, was ihm zustieß. Psychologisch gesehen würde dies einer Ich-Einstellung entsprechen, die sich nicht mit den Phänomenen der objektiven Psyche identifiziert. Jung wurde einmal gefragt, warum Patienten gerade bestimmte psychologische Symptome wählen würden. Er protestierte vehement und sagte, das wäre, als wenn man einen Mann, der von einem Krokodil verschlungen worden war, fragen würde, warum er gerade jenes bestimmte ausgewählt habe, ihn zu fressen.[44] Hat man die Wirklichkeit der Psyche entdeckt, bleiben einem solche Fehler erspart. Gleicherweise wird man nicht das Diktum unterschreiben »Alles Gute (stammt) von Gott, alles Böse vom Menschen«. Wie Jung sagt, wird damit »die Kreatur absurderweise in Gegensatz zu ihrem Schöpfer gestellt und dem Menschen eine geradezu kosmische oder dämonische Größe im Bösen imputiert . . .: man belastet ihn mit der dunkeln Gottesseite.«[45] Mit anderen Worten, der Mensch wird zum Sündenbock Gottes.

Andeutungen dieser Erkenntnis finden sich in der Bibel; zum Beispiel lesen wir in Psalm 51, dem Miserere, das auf Davids Schuld nach seinem Zusammensein mit Batseba Bezug nimmt:

> Gott sei mir gnädig nach deiner Huld,
> tilge meine Frevel nach deinem reichen Erbarmen!
> Wasch meine Schuld von mir ab,
> und mach mich rein von meiner Sünde!
> Denn ich erkenne meine bösen Taten,
> meine Sünde steht mir immer vor Augen.
> Gegen dich allein hab ich gesündigt,
> ich habe getan, was dir mißfällt.
> Mögest du gerecht befunden werden, wenn du mich verurteilst,
> rein bleiben, wenn du gerichtet wirst. (Ps 51,1–6)

In dieser Textstelle gelangt die erstaunliche Erkenntnis zu Bewußtsein, daß Gott durch den Menschen gerechtfertigt wird. Psychologisch gesehen übernimmt das Ich die Verantwortung für die bösen Eingebungen des Selbst, damit es (das Selbst) transformiert werden kann.

Eine ähnliche Idee wurde von Omar Chajjam im 11. Jahrhundert ausgedrückt:

> O du, der Strick und Schlinge auf den Pfad,
> den ich dann wandeln sollte, reichlich tat:
> verzwickst du mich in vorbestimmte Schuld –
> und heißt mich Sünder, weil ich irretat?

Du, der den Menschen schuf nur Mensch zu sein,
und ließ in Eden dann die Schlange ein:
für all die Schuld, damit des Menschen Bild
geschwärzt, verzeih ihm ... und laß dir verzeihn.[46]

Ein anderer Aspekt von Jungs revolutionärer Verwirklichung ist eine Interpretation des Mythos der Inkarnation. Da Jahwe durch Hiob eine moralische Niederlage erlitten hatte, war der Mensch über Gott erhoben und deshalb mußte Gott das höhere Wesen, Mensch, werden. Mit Jungs Worten: »Wir erblicken also den unmittelbaren Grund für die Menschwerdung in der Erhöhung Hiobs und den Zweck derselben in der Bewußtseinsdifferenzierung Jahwes.«[47] Diese Differenzierung wird feststellbar an der vollständigen *separatio,* die Jahwe mit dem Erscheinen Christi durchmacht. Seine zwei Seiten, repräsentiert durch seinen guten Sohn, Christus, und seinen bösen Sohn, Satan, sind vollständig getrennt, ja dissoziiert voneinander. Christus wird mit Jahwe identisch durch die Doktrin der *homoousia,* während Satan aus dem Himmel geworfen wird und somit verdammt ist, das Leben eines dissoziierten, autonomen Komplexes zu leben.

Hier liegt die Ursache für Jungs Beobachtung, daß Jahwes Inkarnation in Christus unvollständig ist. Sie ließ Jahwes dunkle Seite außer Betracht. Dies ist im Mythos von der *conceptio immaculata* und in der immerwährenden Virginität Marias widergespiegelt. Jung schreibt:

Die Befreiung von der Erbsünde enthebt die Jungfrau auch der allgemeinen Menschheit, deren gemeinsames Merkmal die Erbsünde und daher die Erlösungsbedürftigkeit ist. Der *status ante lapsum* bedeutet so viel als paradiesische, d. h. pleromatische und göttliche Existenz. Maria wird durch die Anwendung besonderer Schutzmaßnahmen sozusagen zum Status einer Göttin erhoben und büßt damit ihre volle Menschlichkeit ein: sie wird ihr Kind nicht wie alle anderen Mütter in der Sünde empfangen und daher wird es auch nie ein Mensch, sondern ein Gott sein. Man

hat – meines Wissens wenigstens – nie gesehen, daß damit die wirkliche Menschwerdung Gottes in Frage gestellt, bzw. nur teilweise vollzogen wurde. Beide, Mutter und Sohn, sind keine wirklichen Menschen, sondern Götter.[48]
Die Inkarnation war unvollständig. Bei einer vollständigen Inkarnation wäre als logische Konsequenz die Parusie eingetreten. Aber darüber befand sich Christus im Irrtum.[49]

Die unvollständige Inkarnation Jahwes in Christus führt Jung zur Idee der kontinuierlichen Inkarnation. Diese ist bereits bei dem Apostel Paulus angedeutet.

Denn alle, die sich vom Geist Gottes leiten lassen, sind Söhne Gottes. Denn ihr habt nicht einen Geist empfangen, der euch zu Sklaven macht, so daß ihr euch immer noch fürchten müßtet, sondern ihr habt den Geist empfangen, der euch zu Söhnen macht, den Geist, in dem wir rufen: Abba, Vater! So bezeugt der Geist selber unserem Geist, daß wir Kinder Gottes sind. Sind wir aber Kinder, dann auch Erben; wir sind Erben Gottes und sind Miterben Christi, wenn wir mit ihm leiden, um mit ihm auch verherrlicht zu werden. (Rö 8,14–17)

Das Johannes-Evangelium beinhaltet ebenfalls eine kontinuierliche Inkarnation. Christus sagt, wenn er fortginge, würde er den Paraklet senden. (Joh 16,7) »Der Beistand aber, der Heilige Geist, den der Vater in meinem Namen senden wird, der wird euch alles lehren und euch an alles erinnern, was ich euch gesagt habe.« (Joh 14,26) Nach Zitierung dieser Texte sagt Jung:

Die fortlaufende, unmittelbare Einwirkung des Heiligen Geistes auf die zur Kindschaft berufenen Menschen bedeutet de facto eine in die Breite sich vollziehende Menschwerdung. Christus, als der von Gott gezeugte Sohn, ist ein Erstling, der von einer großen Anzahl nachgeborener Geschwister gefolgt wird.[50]

Von diesem Standpunkt aus erhält die »imitatio Christi« einen neuen Sinn. Christi Unterweisung ist nicht mehr wörtlich und konkret als äußere Regeln des Verhaltens aufzufassen. Vielmehr ist die eigene Wirklichkeit so total zu leben wie Christus die seine lebte. Im selben Maß, wie man seine Beziehung zum Selbst lebt, wird man Christus als Bruder erfahren, denn Christus ist das hervorragende Beispiel eines solchen Lebens.

Es ist eben keine »imitatio Christi« mehr, sondern das Umgekehrte, nämlich eine Assimilation des Christusbildes an das eigene Selbst... Es ist nicht mehr die Anstrengung und absichtsvolle Bemühung der imitatio, sondern das unwillkürliche Erlebnis der Wirklichkeit dessen, das durch die heilige Legende dargestellt ist.[51]

Psychologisch bedeutet die Inkarnation Gottes den Individuationsprozeß. Im selben Maß, wie man sich des transpersonalen Zentrums seiner Psyche, des Selbst, bewußt wird und aus dieser Bewußtheit lebt, kann man sagen, inkarniert man das Gottesbild. Diese Erfahrung schließt die Auseinandersetzung mit den Gegensätzen ein. Das Selbst ist eine Vereinigung der Gegensätze. Wenn es beginnt, im Bewußtsein aufzutauchen, spalten sich die Gegensätze, und das Ich ist mit dem Konflikt ihrer Gegenüberstellung konfrontiert. Jung sagt:

Aller Gegensatz ist Gottes, darum muß sich der Mensch damit belasten, und indem er es tut, hat Gott mit seiner Gegensätzlichkeit von ihm Besitz ergriffen, d. h. sich inkarniert. Der Mensch wird erfüllt vom göttlichen Konflikt.[52]
Gott wirkt aus dem Unbewußten des Menschen und zwingt diesen dazu, die beständigen gegensätzlichen Einflüsse, denen sein Bewußtsein von seiten des Unbewußten ausgesetzt ist, zu harmonisieren und zu vereinen.[53]

Das Kennzeichen der Individuation ist die Differenzierung der individuellen Psyche von ihrem Enthaltensein in der Kollektivpsyche. Dieser Prozeß ist begleitet von einer progressiven Bewußtwerdung der transpersonalen Psyche und der Auf-

gabe, deren Energien zu übermitteln und zu humanisieren. »Sobald der Mensch ein aufrichtigeres und vollständigeres, das Kollektivniveau überragendes Bewußtsein erreicht hat«, schreibt Jung, »ist er nicht mehr sich selber Ziel, sondern wird Gottes Instrument, und das ist *wirklich* so«.[54]
Das individuierende Ich wird von der transpersonalen Psyche (Gott, Selbst) in Anspruch genommen und, wie Hiob, einberufen zum Dienst, es bewußter zu machen. Das Ich ist konfrontiert mit nicht-personalen Symbolen und nicht-personalen Energien, und seine Aufgabe ist es, sich auf diese Symbole und Energien zu beziehen. Die Symbole müssen notwendigerweise verstanden werden und die Energien als Affekte benötigen Enthaltensein und Vermenschlichung. Diese Symbole und Affekte können ganz angemessen als Jahwe-Symbole und Jahwe-Affekte bezeichnet werden. Sie sind Ausdruck des ursprünglichen, unbewußten Selbst und in Ermangelung irgendeines Verständnisses seitens des Ich sind sie ununterscheidbar vom sogenannten Narzißmus und infantiler Omnipotenz. Sie sind Manifestationen der Ich-Selbst-Identität.[55] Jung bezieht sich hierauf, wenn er sagt:

(Wir) wissen . . . nicht, wieviel von Gott sich gewandelt hat. (Es) kann damit gerechnet werden, daß wir Sphären eines bisher noch nicht gewandelten Gottes berühren, wenn unser Bewußtsein sich in den Bereich des Unbewußten auszudehnen beginnt.[56]

Hat sich einmal ein bewußtes Ich gegenüber den transpersonalen Symbolen und Energien fest begründet, ist es nicht länger angemessen, die reduktive Terminologie des Infantilen und Narzistischen anzuwenden. Von nun an werden die angemessenen Begriffe im neuen Mythos der kontinuierlichen Inkarnation Gottes gefunden werden. Während das Ich mit den transpersonalen Energien ringt, um sie zu humanisieren, wird es Jakobs Begegnung mit dem Engel und Hiobs Begegnung mit

Jahwe wiedererleben. Und wie Hiob können wir erwarten, innen unseren Antagonisten, das Unbewußte, wie auch unseren Erlöser zu finden. Wenn das Unbewußte uns heftigst mit Stürmen von Affekt oder Depression schüttelt, können wir gleichzeitig erwarten, in Träumen und Phantasien den heilenden Sinn zu finden, welcher errettet.

Gott ist aus dem Enthaltensein in einer Religion in das Unbewußte der Menschen eingebrochen, d. h. er ist dabei, sich zu inkarnieren. Unser Unbewußtes ist in Aufruhr mit dem Gott, der erkennen und erkannt sein möchte.[57] Jung schreibt:

Das Unbewußte will ins Bewußtsein einfließen, um zum Lichte zu gelangen,[58] und zugleich hindert es sich selber daran, da es lieber unbewußt bleiben möchte, d. h. Gott will Mensch werden, aber nicht ganz.[59]

Hier ist ein moderner Traum relevant, der sich auf die Inkarnation Jahwes bezieht. Ein Mann träumte, daß *er einen primitiven Zauberer sah, der eine Tierhaut hochhielt. Auf ihr war ein lebendiges Gesicht zu sehen. Es war eine Art Orakel*. Der Träumer assoziierte den primitiven Zauberer sofort mit Jahwe. Die Tierhaut erinnerte ihn an die Tatsache, daß gewisse frühe Manuskripte der Bibel auf Kalbspergament geschrieben wurden. Er assoziierte zum Gesicht das Bild des Christusgesichts auf dem Schleier der Veronika. Es erinnerte ihn auch an eine abgezogene menschliche Haut mit einem Gesicht darauf in Michelangelos großem Wandgemälde des Jüngsten Gerichts in der Sixtinischen Kapelle. Dieses Gesicht auf der abgezogenen Haut ist ein Selbstportrait Michelangelos, der sich selbst als abgezogene Haut des St. Bartholomäus darstellt, jenes christlichen Märtyrers, dessen Haut lebendigen Leibes abgezogen wurde.

Dieser Traum sagt uns, daß der primitive Zauberer, Jahwe, sich durch die Tierhaut manifestiert, welche das menschliche

Gesicht enthält, d. h. er manifestiert sich durch den Menschen. Die Ereignisse in der Bibel sind die Evidenz Jahwes, wie sie in der Geschichte von Menschen aufgeschrieben wurde, wie auch seine Inkarnation in Christus uns einen flüchtigen Eindruck seines lebendigen Gesichts vermittelte. Außerdem läßt die Assoziation zum Gesicht auf der abgezogenen Haut bei Michelangelo darauf schließen, daß der schöpferische Künstler eine Manifestation der Gottheit ist. Michelangelos Selbstbildnis zeigt, daß er mit Marsyas, dem Musiker der griechischen Mythologie, identifiziert war, der Apollo zu einem musikalischen Wettstreit herausforderte; doch als er ihn verlor, wurde ihm lebendigen Leibes die Haut abgezogen. Der Mythos von Marsyas trifft bis zu einem gewissen Grade auf alle schöpferischen Künstler zu und ist auch ein Charakteristikum der Individuation, wie auch das Anerkennen und Leben aus der Verbindung mit dem Selbst eine Marsyas-ähnliche Vermessenheit beinhaltet, welcher Qualen folgen.

Hautabziehen symbolisiert einen Transformationsprozeß, der auf der einen Seite den inneren Menschen bloßlegt und auf der anderen Seite die Extraktion der Seele bedeutet. (Haut = Seele).[60] Ein Sonnett Michelangelos bezieht sich auf das Thema Hautabziehen:

Zu andern gütig und nur für sich erbarmungslos
So lebt der Seidenwurm, im Schmerz seine Haut
abstreifend,
Daß sie andern Freude gebe, und stirbt, damit sie leben
mögen.

Nach diesem Schicksal sehne ich mich –
Daß von meinem Tod, mein Gott, du mögest allein Leben
empfangen,
Denn durch meinen Tod könnte auch ich gewandelt
werden

Wie diese niedere Kreatur, die ihre Haut am Stein abwirft.

Oder wenn jene Haut meine wäre,
Könnte ich zumindest in ein Gewand gewebt werden,
Jene Brust umfassen und so die Schönheit umarmen,
Nach der ich mich sehne.

Dann würde ich freudig sterben.
Oder könnte ich meines Gottes Füße vor dem Regen
bewahren,
Wenn ich Schuhe an seinen Füßen werde – auch dies
würde ich wählen.[61]

Die Idee, Schuhe für Gott zu sein, ist ein deutliches Inkarnationssymbol. Michelangelo gibt hier dem tiefsten Sinngehalt des Motivs des Hautabziehens Ausdruck. Die Worte, die er in bezug auf Dante schrieb, gelten gleichermaßen für ihn: »Er fürchtete sich nicht, jene Räume auszuloten, wo allein das Scheitern überlebt.«[62]

Um zum Traum zurückzukehren: er scheint auszusagen, daß Jahwe sich auf des Menschen Haut manifestiert, ja, sich dort inkarniert. So gesehen gehört Hiob neben Christus, Marsyas und Michelangelo. Hiob wurde von Jahwe »gehäutet«, und auf diese Weise wird uns das Bild von Jahwes Angesicht via Hiobs »Haut« gewährt, denn Hiob riskierte seine Haut, um mit Jahwe zu ringen wie Marsyas. Dieses Symbol ist relevant für jeden, der sich dem Prozeß der Individuation unterzieht. Er wird seine Haut hingeben, um eine Art Pergament-Manuskript zu werden, auf das Jahwe seine Offenbarungen schreiben wird.

Am Beginn des gegenwärtigen Zeitalters wurde die jüdische Religion mit ihrer reichen und weisen Tradition über die Auseinandersetzung des Menschen mit Jahwe umgeformt und im Lichte der neuen göttlichen Offenbarung in Christus reinterpretiert. Man glaubte, der Mensch habe eine neue Beziehung zu Gott, die durch neue kultische Formen und einen neuen Heilsweg gekennzeichnet war. Das lateinische Wort *dispensatio* wurde gebraucht, um das griechische *oikonomia* zu übersetzen, das wörtlich Verwaltung eines Haushalts bedeutet. Der Gebrauch des Wortes ist veranschaulicht im Epheser-Brief, wo Paulus sagt:

Mir, dem allergeringsten unter allen Heiligen, ist gegeben diese Gnade, unter den Heiden zu verkündigen den unausforschlichen Reichtum Christi und zu erleuchten jedermann, welche da sei die Gemeinschaft des Geheimnisses, das von der Welt her in Gott verborgen gewesen ist. (Eph 3,8–9)

Der bedeutsame Passus ist »Gemeinschaft des Geheimnisses«, *oikonomia tou mysteriou*. Es ist, als wenn die Beziehung des Menschen zum verborgenen Mysterium Gottes geordnet und verwaltet werden müßte wie die Ökonomie eines Haushalts. Vom Standpunkt der Psychologie bedeutet es, denke ich, die Bereitstellung einer Weltsicht, welche den Menschen (Ich) auf Gott (archetypische Psyche) bezieht und den reibungslosen Transfer der Energien von einem zum anderen Bereich fördert.

Der Übergang von einer Heilsordnung zur anderen ist im Brief an die Hebräer dargelegt, der einst Paulus zugeschrieben wurde. Der Autor behauptet, daß die jüdische Priesterschaft durch die der ewigen Priesterschaft Christi abgelöst wurde, daß die heiligen Opfer der Priester durch Christi Selbstopfer ersetzt wurden und daß an die Stelle des Tempelheiligtums das himmlische Heiligtum, »das nicht von Menschenhänden gemacht ist«, trat. Opfer müssen nicht mehr wiederholt werden. Christi Opfer hat sich ein für allemal ereignet, und man braucht nur an ihn zu glauben, um erlöst zu werden. Der Autor schreibt:

Christus dagegen trat als Hoherpriester der künftigen Güter durch das größere und vollkommenere Zelt, das nicht von Menschenhänden gemacht, das heißt, nicht von dieser Schöpfung ist. Er trat auch nicht mit dem Blut von Böcken und Rindern, sondern mit seinem eigenen Blute ein für allemal in das Heiligtum und erlangte eine ewig dauernde Erlösung.
Denn wenn das Blut von Böcken und Stieren und die Asche einer Kuh bei Besprengung die Verunreinigten heiligt zur Erlangung fleischlicher Reinheit, wieviel mehr wird das Blut Christi, der im ewigen Geist sich selbst als ein makelloses Opfer Gott darbrachte, euer Gewissen reinigen von toten Werken, zum Dienst vor dem lebendigen Gott. (Hebr 9,11–14)

Dieser Passus beschreibt einen Prozeß des Übergangs von einem wörtlich verstandenen Opferritual zu einem mehr spiritualisierten und abstrakten Opfer. Er stellt einen Schritt zur psychologischen Verwirklichung des Dienstes am Selbst dar, aber er konkretisiert das symbolische Bild des Christus und projiziert auf ihn die Opferfunktion. Die Erfahrung des Selbst bleibt somit kollektiviert und in der *participation mystique* einer religiösen Gemeinschaft enthalten, obgleich sie nichtsdestoweniger für diese wirklich ist.
Der christliche Heilsweg brachte eine neue *oikonomia* zustande, um die Beziehung des Menschen zum Göttlichen zu verwalten. Dieser Modus von Verwaltung ist jetzt größtenteils erschöpft, und wenn meine Wahrnehmung richtig ist, ist ein neuer Modus am Horizont, nämlich die Tiefenpsychologie. *Der neue psychologische Weg findet die Beziehung des Menschen zu Gott in der Beziehung des Individuums zum Unbewußten*. Dies ist der neue Kontext, das neue Gefäß, mit dem die Menschheit Träger göttlichen Sinns sein kann.
Die jüdische Heilsordnung war im wesentlichen im Gesetz zentriert, die christliche Heilsordnung war im Glauben zentriert und der psychologische Heilsweg ist in der Erfahrung zentriert. Gott ist nun erfahrungsmäßig durch das Individuum

zu tragen. Dies ist es, was mit der kontinuierlichen Inkarnation gemeint ist. Jung beschreibt es folgendermaßen in einem wichtigen Brief an Elined Kotschnig:

Obwohl die göttliche Inkarnation ein kosmisches und absolutes Ereignis ist, manifestiert sie sich empirisch nur in jenen relativ seltenen Menschen, die bewußt genug sind, ethische Entscheidungen zu treffen, d. h. Menschen, die sich für das Gute entscheiden können. Darum darf Gott nur insofern als gut bezeichnet werden, als Er Sein Gutsein im Einzelnen offenbaren kann. Seine moralische Qualität hängt vom Einzelnen ab. Das ist der Grund Seiner Inkarnation. Individuation und individuelle Existenz sind für die Wandlung des Schöpfergottes unerläßlich.[63]

Wenn das Individuum über und gegen die primitiven Jahwe-Affekte in sich selbst steht, wenn es ihnen ohne Repression und ohne sich mit ihnen zu identifizieren zu leben gestattet, wenn es darum ringt, die Sinnbilder, die in ihnen eingebettet liegen, zu gewinnen, wenn er geduldig und gewissenhaft den Weg der Individuation sucht, den das Unbewußte sowohl offenbart als auch zurückhält – dann werden seine Anstrengungen eine stufenweise transformative Wirkung auf Jahwe haben. Ein solcher Mensch bringt sich als Schmelztiegel für die Transformation des dunklen Gottes dar und trägt sein Witwenscherflein zum kosmischen Drama der kontinuierlichen Schöpfung bei.

4 Die Transformation Gottes

Wir alle müssen tun, was Christus tat. Wir müssen unser Experiment anstellen.
C. G. Jung

(Aus: *C. G. Jung Speaking*.)

Für jene, die mit Jungs empirisch-psychologischer Methode nicht vertraut sind, könnte dieses Kapitel für Mißverständnisse offen sein. Es könnte wie Theologie klingen, ist es aber nicht. Es ist tatsächlich empirische Psychologie. Die Konfusion kommt vom Gebrauch von Begriffen, die traditionelle religiöse Bedeutung haben. Warum dann diese Begriffe überhaupt verwenden? Es ist notwendig, um die psychologischen Tatsachen zu veranschaulichen, die religiösen Konzepten zugrunde liegen; außerdem gibt es kaum einen anderen Weg, solches Material mitzuteilen.

Die objektive Psyche wurde erstmals in religiösem metaphysischem Kontext erfahren und beschrieben, somit sind die traditionellen religiösen Symbole unsere reichste Quelle von Daten, die objektive Psyche betreffend. Immerhin schmilzt die Tiefenpsychologie die dogmatischen Strukturen ein, welche die traditionellen Behälter dieser Symbole waren, und gestaltet sie in moderne Formen des Verstehens um. Dem psychologischen Standpunkt gemäß kann der Mensch nicht aus seiner eigenen Psyche herausgelangen. Alle Erfahrung ist deshalb psychische Erfahrung. Das heißt, es ist erfahrungsgemäß unmöglich, zwischen Gott und dem Gottesbild in der Psyche zu unterscheiden. Mein Gebrauch des Begriffes »Gott« in diesem

Kapitel bezieht sich deshalb immer auf das Gottesbild in der Psyche, d. h. das Selbst.
Seinen bemerkenswerten Brief, auf den am Ende des dritten Kapitels bereits Bezug genommen wurde und in dem er von der kontinuierlichen Inkarnation und der Transformation Gottes spricht, schrieb Jung am 30. Juni 1956. Elined Kotschnig hatte ihn um eine Antwort auf das Problem »eines unbewußten und darum unwissenden Schöpfergottes« gebeten und gefragt, ob dies nicht irgendein Prinzip, »einen Seinsgrund jenseits eines solchen Demiurgen« einschließe.[1] Jungs in Englisch geschriebene Antwort ist ein höchst inhaltsschweres Dokument, welches unsere sorgfältigste Untersuchung verdient. In diesem Brief schreibt Jung in bezug auf Christus:

Er stand einem unberechenbaren und ungerechten Gott gegenüber, der eines drastischen Opfers, nämlich der Tötung des eigenen Sohnes, bedurfte, um seinen Zorn zu stillen. Seltsamerweise gab Christus mit seinem Selbstopfer die amoralische Natur des Vaters zu und lehrte andererseits ein neues Gottesbild, das Bild eines liebenden Vaters, in dem keine Dunkelheit besteht. Diese ungeheure Antinomie verlangt eine Erklärung. Es bedurfte der ausdrücklichen Versicherung, daß er der Sohn des Vaters war, d. h. die Inkarnation der Gottheit im Menschen. Infolgedessen bedeutete das Opfer die Selbstvernichtung des amoralischen, in einem sterblichen Körper inkarnierten Gottes. Das Opfer erhält den Charakter einer hochmoralischen Tat, sozusagen einer Selbstbestrafung.
Insofern Christus als zweite Person der Trinität aufgefaßt wird, ist das Selbstopfer der Beweis für Gottes Güte. Wenigstens soweit es die Menschen angeht. Wir wissen nicht, ob es andere bewohnte Welten gibt, wo die gleiche innergöttliche Entwicklung stattgefunden hat. Es ist denkbar, daß es noch viele bewohnte Welten auf verschiedenen Stufen der Entwicklung gibt, Welten, wo Gott sich noch nicht durch Inkarnation gewandelt hat. Wie dem auch sei, für uns irdische Wesen hat die Inkarnation stattgefunden; wir sind der göttlichen Natur teilhaftig geworden und müssen wohl als Erben eines Strebens nach Gutsein angese-

hen werden sowie zugleich als Opfer der unvermeidlichen Selbstbestrafung. Wie Hiob nicht bloß Zuschauer göttlicher Unbewußtheit war, sondern dieser ungeheuren Manifestation zum Opfer fiel, werden auch wir durch das Wirklichwerden der Inkarnation in die Folgen dieser Wandlung hineingezogen. Insofern Gott Seine Güte durch Sein Selbstopfer beweist, ist Er inkarniert, doch angesichts Seiner Unendlichkeit und in der Annahme verschiedener Stufen kosmischer Entwicklung wissen wir nicht, wieviel von Gott sich gewandelt hat – wenn das nicht ein allzumenschliches Argument ist. Unter dieser Voraussetzung kann damit gerechnet werden, daß wir Sphären eines bisher noch nicht gewandelten Gottes berühren, wenn unser Bewußtsein sich in den Bereich des Unbewußten auszudehnen beginnt. Auf jeden Fall existiert eine bestimmte Erwartung in dieser Hinsicht; sie ist im »Evangelium Aeternum« der Offenbarung ausgesprochen und enthält die Botschaft: Fürchtet Gott! (Offb 14,6–7)
Obwohl die göttliche Inkarnation ein kosmisches und absolutes Ereignis ist, manifestiert sie sich empirisch nur in jenen relativ seltenen Menschen, die bewußt genug sind, ethische Entscheidungen zu treffen, d. h. Menschen, die sich für das Gute entscheiden können. Darum darf Gott nur insofern als gut bezeichnet werden, als Er Sein Gutsein im einzelnen offenbaren kann. Seine moralische Qualität hängt von den einzelnen ab. Das ist der Grund Seiner Inkarnation. Individuation und individuelle Existenz sind für die Wandlung des Schöpfergottes unerläßlich.[2]

In diesem Abschnitt gibt Jung eine psychologische Deutung des christlichen Mythos und erklärt, wie dieser Mythos auf den modernen Menschen zutrifft. Die Darlegung ist jedoch so dicht, daß sie, um allgemein zugänglich zu werden, sowohl Kommentar als auch Amplifikation benötigt. Ich möchte Ihre Aufmerksamkeit besonders auf die Aussage lenken: »[es] kann damit gerechnet werden, daß wir Sphären eines bisher noch nicht gewandelten Gottes berühren, wenn unser Bewußtsein sich in den Bereich des Unbewußten auszudehnen beginnt«. Diese Äußerung ist die Quelle für den Titel des vorliegenden Kapitels.

Wie Jung in *Antwort auf Hiob* veranschaulicht, ist Jahwe ein unberechenbarer und gesetzloser Gott, der oft von Zorn- und Eifersuchtsanfällen übermannt wird. Das Alte Testament dokumentiert diese Tatsache durchgehend, und sie veranschaulicht sich in der Erfahrung eines jeden, der sich einer tiefschürfenden Auseinandersetzung mit der objektiven Psyche aussetzt. Der Symbolik des christlichen Mythos gemäß, veränderte Christi Selbstopfer die Natur Jahwes. Indem Christus sich opfert als ein Objekt, auf das sich der göttliche Zorn entladen kann, verkündet er einen gütigen Gott der Liebe und bringt dem Menschen Erlösung vom zornigen Gott. Wie ein heroischer Soldat, der sich auf eine gezogene Handgranate wirft und dabei seinen Kameraden auf Kosten seines eigenen Lebens rettet, läßt Christus es zu, durch den Zorn Gottes vernichtet zu werden, um seine Mitmenschen zu erlösen. Diese Opferhandlung erlöst aber nicht nur die Menschen, sondern transformiert auch Jahwe. Während seiner explosiven Raserei, die sich in deren freiwilliger Annahme durch das unschuldige Opfer erschöpft, transformiert sich Jahwe angesichts des Beispiels eines liebenden Menschen in einen Gott der Liebe.

Die Situation kompliziert sich durch die Tatsache, daß Christus nicht nur ein Mensch ist, sondern auch für den Sohn Gottes gehalten wird. Somit ist Christi Selbstopfer gleichzeitig Gottes Selbstopfer, oder wie Jung sagt: »eine Selbstzerstörung des amoralischen Gottes, inkarniert in einem sterblichen Körper«. Es scheint, als könne Gott eine Transformation nur durchmachen, wenn er in einem Menschen inkarniert ist. Er benötigt einen Spiegel seiner selbst in sterblicher Form, um jenes Bewußtsein hervorzubringen, welches für einen Wandel erforderlich ist. Und welcher Sterbliche kann diesem gewaltigen Ziel dienen außer einem, der sich als Sohn Gottes wahrnimmt, d. h. als ein Werkzeug des Göttlichen? Mit anderen

Worten, dem Ich sind die Stärke und Zielbewußtheit gegeben, gegen das primitive Selbst aufzustehen – durch das Bewußtsein der Sohnschaft mit dem Selbst, das ihm ein Gefühl der Partnerschaft in dem gegenseitigen Prozeß der Transformation gibt.

Das Thema der Transformation Gottes erschien nicht erstmals mit der Ankunft Christi. Wie Jung in *Antwort auf Hiob* aufgezeigt hat, brachte Hiobs Auseinandersetzung mit Jahwe eine solche Transformation zustande.[3] Das Alte Testament berichtet noch andere Beispiele der Transformation Gottes aufgrund einer Auseinandersetzung mit ihm durch einen bewußten Menschen. In der Genesis erwägt Jahwe die Zerstörung von Sodom und Gomorra. Abraham ermahnt Gott, gerecht zu sein, mit diesen Worten:

Willst du auch den Gerechten mit den Ruchlosen wegraffen? Vielleicht gibt es fünfzig Gerechte in der Stadt: Willst du auch sie wegraffen und nicht doch dem Ort vergeben wegen der fünfzig Gerechten dort? Das kannst du doch nicht tun, die Gerechten zusammen mit den Ruchlosen umbringen. Dann ginge es ja dem Gerechten genauso wie dem Ruchlosen. Das kannst du doch nicht tun. Sollte sich der Richter über die ganze Erde nicht an das Recht halten? Da sprach der Herr: Wenn ich in Sodom, in der Stadt, fünfzig Gerechte finde, werde ich ihretwegen dem ganzen Ort vergeben. Abraham antwortete und sprach: Ich habe es nun einmal unternommen, mit meinem Herrn zu reden, obwohl ich Staub und Asche bin. Vielleicht fehlen an den fünfzig Gerechten fünf. Wirst du wegen der fünf die ganze Stadt vernichten? Nein, sagte er, ich werde sie nicht vernichten, wenn ich dort fünfundvierzig finde. Er fuhr fort, zu ihm zu reden: Vielleicht finden sich dort nur vierzig. Da sprach er: Ich werde es der vierzig wegen nicht tun. Und weiter sagte er: Mein Herr zürne nicht, wenn ich weiterrede. Vielleicht finden sich dort nur dreißig. Er entgegnete: Ich werde es nicht tun, wenn ich dort dreißig finde. Darauf sagte er: Ich habe es nun einmal unternommen, mit meinem Herrn zu reden. Vielleicht finden sich dort nur zwanzig. Er antwortete: Ich werde sie um der zwanzig willen nicht vernichten. Und nochmals sagte er: Mein Herr zürne nicht, wenn ich nur noch einmal das Wort ergreife. Vielleicht finden sich dort nur zehn. Und wiederum sprach er: Ich werde sie um der zehn willen nicht vernichten. (1. Mose 18,23–32)

Als Resultat dieser Auseinandersetzung wird ein Rest von Gerechten, nämlich Lot und seine Familie, aus der dem Untergang geweihten Stadt Sodom gerettet.

Im 4. Buch Mose ist Jahwe wütend über die Rebellion der Israeliten und droht, die gesamte Nation durch die Pest zu zerstören. Mose wendet erfolgreich Folgendes ein:

Die Ägypter werden hören, daß du dieses Volk mit deiner Kraft aus ihrer Mitte hierher geführt hast, und sie werden zu den Einwohnern dieses Landes sagen, sie hätten gehört, daß du, Herr, mitten in diesem Volk warst, daß du, Herr, sichtbar erschienen bist, daß deine Wolke über ihnen stand, daß du ihnen bei Tag in einer Wolkensäule und bei Nacht in einer Feuersäule vorangegangen bist, daß du dann aber dieses Volk wie einen einzigen Mann umgebracht hast. Wenn sie das alles über dich hören, werden die Völker sagen: Weil Jahwe nicht imstande war, dieses Volk in das Land zu bringen, das er ihnen mit einem Eid zugesichert hatte, hat er sie in der Wüste abgeschlachtet. Gerade jetzt sollte sich die Kraft meines Herrn in ihrer ganzen Größe zeigen, wie du gesagt hast: Ich bin Jahwe, langmütig und reich an Huld, der Schuld und Frevel wegnimmt, der aber (den Sünder) nicht ungestraft läßt, der die Schuld der Väter an den Söhnen verfolgt, an der dritten und vierten Generation: Verzeih also diesem Volk seine Sünde nach deiner großen Huld, wie du diesem Volk auch schon bisher vergeben hast, von Ägypten bis hierher. Da sprach der Herr: Ich verzeihe ihm, da du mich bittest. (4. Mose 14,13–20)

Am aufschlußreichsten von allen ist der mysteriöse Bericht der Opferung Isaaks, auch als *Akedah* oder Bindung des Isaaks bezeichnet:

Nach diesen Ereignissen stellte Gott Abraham auf die Probe. Er sprach zu ihm: Abraham! Er antwortete: Hier bin ich. Gott sprach: Nimm deinen Sohn, deinen einzigen, den du liebst, Isaak, geh in das Land Morija, und bring ihn dort auf einem der Berge, den ich dir nenne, als Brandopfer dar.
Frühmorgens stand Abraham auf, sattelte seinen Esel, holte seine beiden Jungknechte und seinen Sohn Isaak, spaltete Holz zum Opfer und machte sich auf den Weg zu dem Ort, den ihm Gott genannt hatte. Als Abraham am dritten Tag aufblickte, sah er den Ort von weitem. Da sagte Abraham zu seinen Jungknechten: Bleibt mit dem Esel hier! Ich will mit dem Knaben hingehen und anbeten; dann kommen wir zu euch zurück.
Abraham nahm das Holz für das Brandopfer und lud es seinem Sohn Isaak auf. Er selbst nahm das Feuer und das Messer in die Hand. So gingen beide miteinander. Nach einer Weile sagte Isaak zu seinem Vater Abraham: Vater! Er antwortete: Ja, mein Sohn! Dann sagte Isaak: Hier ist Feuer und Holz. Wo aber ist das Lamm für das Brandopfer? Abraham entgegnete: Gott wird sich das Opferlamm aussuchen, mein Sohn. Und beide gingen miteinander weiter.
Als sie an den Ort kamen, den ihm Gott genannt hatte, baute Abraham den Altar, schichtete das Holz auf, fesselte seinen Sohn Isaak und legte ihn auf den Altar, oben auf das Holz. Schon streckte Abraham seine Hand aus und nahm das Messer, um seinen Sohn zu schlachten. Da rief ihm der Engel des Herrn vom Himmel her zu: Abraham, Abraham! Er antwortete: Hier bin ich. Jener sprach: Streck deine Hand nicht gegen den Knaben aus, und tu ihm nichts zuleide! Denn jetzt weiß ich, daß du Gott fürchtest; du hast mir deinen einzigen Sohn nicht vorenthalten. Als Abraham aufschaute, sah er: Ein Widder hatte sich hinter ihm mit seinen Hörnern im Gestrüpp verfangen. Abraham ging hin, nahm den Widder und brachte ihn statt seines Sohnes als Brandopfer dar. (1. Mose 22,1–13)

In diesen Text eingeschlossen sehe ich eine symbolische Beschreibung des Transformationsprozesses Gottes. Der Schlüssel zu dieser Interpretation liegt in der Tatsache, daß der Gottesname im Laufe des Berichts ändert. Am Beginn ist der

Gottesname *»Elohim«*, d. h. Gott. Am Ende der Geschichte, als Abraham zurückgehalten wird, Isaak zu opfern, ist der jetzt gebrauchte Name Jahwe. Vom Standort der Bibelkritik heißt dies, daß zwei verschiedene Dokumente (das E und das J Dokument) kombiniert wurden, um einen kanonischen Text zu ergeben. Vom Standort der empirischen Psychologie gesehen, die einen Traum oder Bibeltext so liest, wie er dasteht, heißt es, daß sich eine Transformation der Gottheit ereignet hat. Dasselbe ist dadurch angezeigt, daß Gott seinen Sinn geändert hat und nicht mehr wünscht, daß Isaak geopfert wird.

Der Text beginnt mit der Aussage, daß Gott »Abraham auf die Probe stellte«. Welches aber ist die Natur dieser Prüfung? Abraham war zwischen zwei Ebenen göttlicher Manifestation gefangen – einem primitiven Gott *(Elohim)*, welcher das Menschenopfer forderte, und einem differenzierteren und barmherzigeren Gott (Jahwe). Ein Bibelwissenschaftler vermerkt:

In Abrahams Tagen war das Opfer des Erstgeborenen eine allgemeine Praxis unter den semitischen Stämmen und als der gefälligste Dienst angesehen, den der Mensch seinen Gottheiten erweisen konnte. Es war das »Hingeben ihres Erstgeborenen für ihre Übertretungen, die erste Frucht ihres Leibes für die Sünde ihrer Seele«. (Mi 6,7)[4]

Abraham ist in der schrecklichen Lage, zwischen zwei Entwicklungsebenen der Gottheit vermitteln zu müssen. Das ist seine Prüfung. Die primitive Ebene der Gottheit ist durch den Widder repräsentiert, welcher nach der Legende im Paradies weidete, bevor er in das Dickicht auf dem Berge Morija gebracht wurde.[5] Der Widder bedeutet unregenerierte archetypische Energie, die aus dem Unbewußten extrahiert und geopfert werden muß. Abraham partizipiert an einem Prozeß göttlicher Transformation, indem er sich erlaubt, seinen mörderischen Impulsen gegen Isaak Raum zu geben. Dies bringt die Widder-Energie ins Bewußtsein, wo sie dann unter dem Schutz des differenzierteren Aspekts Gottes geopfert werden kann. Psychologisch könnte man sagen, daß Abrahams Prüfung ermittelte, ob er willens war, eine bewußte Auseinandersetzung mit seinen primitiven Affekten zu riskieren, im Vertrauen darauf, daß diese einer Transformation fähig sind.

Die Kirchenväter betrachteten Isaak als eine Präfiguration Christi. Augustinus zum Beispiel sagt: »Darum mußte auch Isaak, wie der Herr sein Kreuz, selbst das Holz, auf das er gelegt werden sollte, zur Opferstätte tragen.« Auch der Widder, der »mit den Hörnern in einem Dornstrauche (hing). Wen anders also bildete er ab als Jesus, den die Juden vor seiner Opferung mit Dornen krönten?«[6] Dieser Assoziation gemäß soll die Prüfung Abrahams durch Jahwe ermitteln, ob Abraham willens ist, Jahwes spätere Qual zu teilen, wenn er seinen Sohn Christus opfert. Von Abraham wird verlangt, am tragischen Drama göttlicher Transformation zu partizipieren. Er stimmt zu und läßt zu, daß sowohl von Abraham als auch von Jahwe gesagt wird, daß er »so sehr liebte . . ., daß er seinen eingeborenen Sohn hingab«. (Joh 3,16)

Vor Verlassen der alttestamentlichen Symbolik möchte ich Ihre Aufmerksamkeit auf einen bemerkenswerten Passus im Buch Ezechiel lenken. Jahwe spricht. Er beklagt sich bei Ezechiel über die Sünden Israels und droht, die Nation zur Strafe zu zerstören. Dann sagt er:

Ich suchte unter ihnen, ob jemand sich zur Mauer machte und wider den Riß stünde vor mir für das Land, daß ich's nicht verderbte; aber ich fand keinen. Darum schüttete ich meinen Zorn über sie, und mit dem Feuer meines Grimmes machte ich mit ihnen ein Ende. (Ez 22,30–31)

Hieraus erfahren wir, daß Jahwe aktiv einen Menschen sucht, der seiner Attacke widerstehen und den Bruch in den schüt-

zenden Grenzen des Ich verteidigen kann. Jahwe verlangt, daß seiner zornigen, zerstörerischen Seite widerstanden wird, damit sein primitiver Aspekt eine Transformation durchmachen kann. Martin Luther zitiert diese Textstelle von Ezechiel und fügt hinzu, daß die starke Hecke (oder Mauer) »das aufrichtige Gebet eines frommen Christen« sei.[7] In psychologischer Sprache bedeutet dies, daß aktive Imagination eines Ich, welches auf das Selbst bezogen ist, helfen kann, die primitiven Affekte der primordialen Psyche zu transformieren.
Gewisse Gestalten der griechischen Mythologie sind ebenfalls Opfer des Dramas göttlicher Transformation. Robert von Ranke-Graves gibt uns ein Beispiel im folgenden Bericht des Tantalos-Mythos:

Tantalos war ein enger Freund des Zeus, der ihn zu den Olympischen Festen bei Nektar und Ambrosia zugelassen hatte; bis er, da ihm sein Glück zu Kopf gestiegen war, die Geheimnisse des Zeus verriet und die göttliche Nahrung stahl, um sie mit seinen sterblichen Freunden zu teilen. Bevor aber dieses Verbrechen entdeckt werden konnte, hatte er schon ein schlimmeres begangen. Tantalos, der die Olympier zu einem Bankett auf dem Berge Sipylos – vielleicht war es auch Korinth – eingeladen hatte, fand die Vorräte in seiner Speisekammer für die Gesellschaft unzureichend. Entweder um die Allwissenheit des Zeus zu prüfen, oder nur um seinen guten Willen zu zeigen, schnitt er seinen Sohn Pelops in Stücke. Diese warf er in das Gericht, das er für die Götter vorbereitet hatte, wie es auch die Söhne des Lykaon mit ihrem Bruder Nyktimos getan hatten, als sie Zeus in Arkadien bewirteten. Keinem der Götter blieb verborgen, was ihm vorgesetzt wurde. Mit Ausnahme der Demeter, die – noch immer durch den Verlust Persephones verwirrt – vom Fleische der linken Schulter aß, wandten sie sich voller Ekel ab.
Für dieses Verbrechen wurde Tantalos mit dem Untergang seines Königreiches und, nach seinem Tode durch die Hände des Zeus, mit ewigen Qualen in der Gesellschaft von Ixion, Sisyphos, Tityos, den Danaiden und anderen bestraft. Nun hängt er, von Durst und Hunger verzehrt, von den Ästen eines Obstbaumes,

der sich über einen sumpfigen See neigt. Die Wellen reichen bis zu seiner Hüfte und manchmal auch bis zu seinem Kinn, doch wann immer er sich niederbeugt, um zu trinken, entschwinden sie wieder. Und nichts als schwarzer Schlamm bleibt zu seinen Füßen. Und gelingt es ihm, eine Handvoll Wasser zu schöpfen, so rinnt es durch seine Finger, bevor er noch seine vertrockneten Lippen benetzen kann; wodurch er durstiger wird denn je. Der Baum ist mit Birnen beladen, mit glänzenden Äpfeln, süßen Feigen, reifen Oliven und Granatäpfeln, die bis auf seine Schulter hängen; doch jedesmal, wenn er nach den köstlichen Früchten greift, weht sie ein Windstoß aus seiner Reichweite.
Auch hängt ein riesiger Stein, ein Felsblock vom Berge Sipylos über dem Baum und droht ständig, den Schädel des Tantalos zu zerschmettern.[8]

Tantalos wurde in die Gemeinschaft der Götter aufgenommen, d. h. er repräsentiert ein Ich, das innigen Kontakt mit der transpersonalen Psyche hergestellt hat und in die Geheimnisse jenseits des »epistomologischen Vorhangs« eingeweiht worden ist. Dies macht ihn zum Teilnehmer am Drama göttlicher Transformation. Wie Isaak ist er zwischen zwei aufeinanderfolgenden Stufen der Evolution Gottes eingefangen. Zeus befindet sich im Zustand der Ablösung vom Kannibalismus. Liest man zwischen den Zeilen des Mythos, der uns in einer späten, revidierten Fassung überliefert ist, können wir die Umrisse einer primitiven Gottheit ausmachen, die Menschenopfer verlangt und deren Nahrung Menschenfleisch ist. Das Fleisch des Pelops dient als göttliche Ambrosia! Eine symbolische Parallele ist das Fleisch Christi, welches das eucharistische Mahl der Messe konstituiert.
Tantalos, der mit den Göttern gespeist hatte, kennt ihr geheimes Menü und bietet es ihnen an. Die Götter nehmen ihren kannibalischen Schatten im Spiegel ihres menschlichen Gegenübers wahr, schaudern vor Entsetzen zurück und projizieren ihren neu wahrgenommenen Schatten auf Tantalos. Tanta-

los wird somit zum Sündenbock für die Götter, ein Instrument für den Zuwachs an göttlichem Bewußtsein auf Kosten seiner Qualen.

Die Bestrafung des Tantalos besteht darin, immerwährend gemartert zu werden. Sein Begehren ist ständig erregt und ständig zurückgewiesen. Dieses Symbol einer gleichzeitigen Stimulierung und Frustration hat eine präzise Parallele. In *Splendor Solis* von Salomon Trismosin sind die Stufen des Transformationsprozesses in einer Serie von sieben Bildern veranschaulicht, welche das verschlossene und gekrönte *vas hermetis* darstellen. Das erste Bild (s. S. 111) zeigt ein verschlossenes Gefäß, in dem ein nacktes Kind oder homunculus einen feurigen Drachen hütet. In der rechten Hand des Kindes ist eine Flasche, aus der es Wasser in den Schlund des Drachens gießt. In seiner linken Hand hat es einen Blasebalg, mit dem es die Flammen anfacht. Der Text spricht von der Öffnung der Löcher und Risse in der Erde, »um die Einflüsse von Feuer und Wasser zu empfangen«.[9] Das Bild illustriert die Operation der Gegensätze, Feuer und Wasser werden gleichzeitig angewandt. Dies ist, was auch Tantalos geschieht: seine Begierde wird gleichzeitig entflammt und ausgelöscht. Der primitive, begehrende Aspekt der transpersonalen Psyche kollidiert mit dem spirituellen Prinzip von Zucht und Selbstverleugnung; so wird Tantalos zu einem lebenden Schmelztiegel für die Transformation Gottes.

Ein anderes Beispiel ist Sisyphos, dessen Name »der sehr Weise« oder vielleicht »göttlich Weise«[10] bedeutet. Seine Geschichte ist die folgende: Eines Tages verführte Zeus Aigina, die Tochter des Flußgottes Asopos. Er nahm sie auf die Insel Oinone, wo er sie vergewaltigte. Sisyphos wurde zufällig Zeuge dieses Ereignisses und informierte Asopos als Gegenleistung für eine Quelle frischen Wassers, die Peirene Quelle. Für die Enthüllung göttlicher Geheimnisse

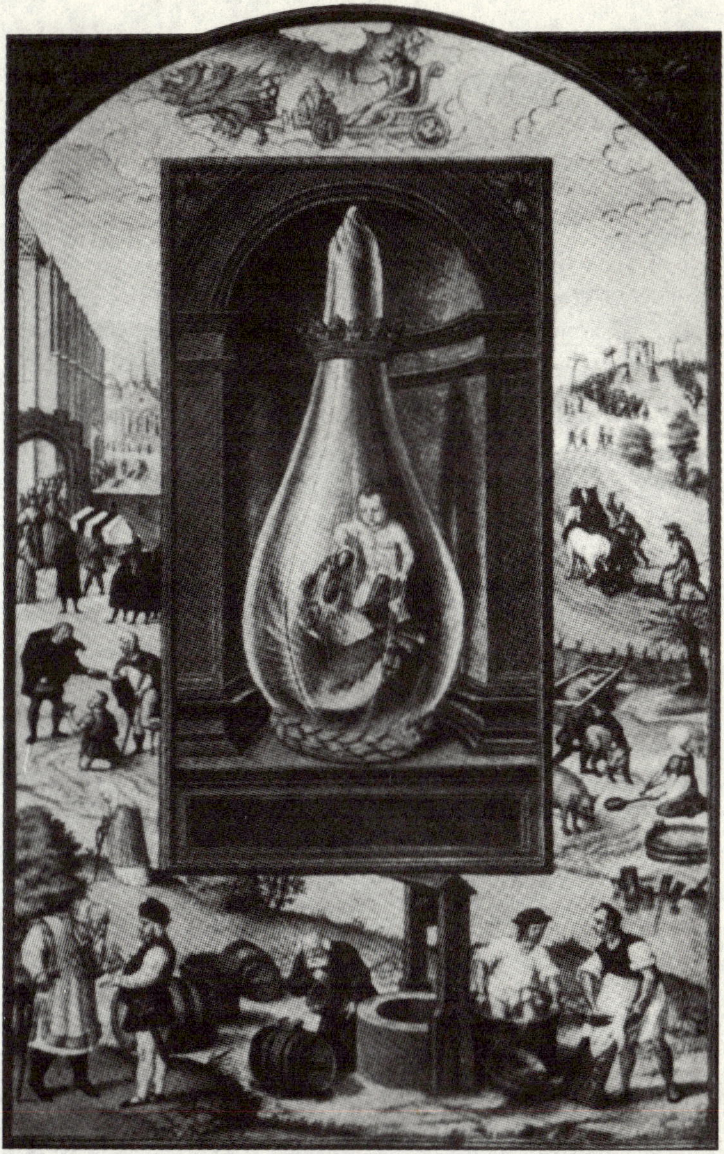

Vas hermetis, das versiegelte Gefäß. Erstes von sieben Bildern zu den Stadien im alchemistischen Wandlungsprozeß.
(Aus: Solomon Trimonsin, *Splendor Solis,* 1582.)

wurde über Sisyphos eine außergewöhnlich harte Strafe verhängt. Die Richter der Toten zeigten ihm einen riesigen Stein – ähnlich dem, in den sich Zeus verwandelt hatte, als er vor Asopos floh – und befahlen ihm, diesen Stein den Hang eines Hügels hinaufzurollen. Oben angekommen, sollte er ihn auf der anderen Seite hinunterrollen lassen. Jedoch ist ihm dies nie gelungen. Wenn er fast den Gipfel erreicht hat, wird das Gewicht des tückischen Steines so groß, daß dieser wieder in das Tal hinabrollt. Von dort holt er ihn müde zurück und muß wieder von vorn anfangen, obwohl er in Schweiß gebadet ist und eine Staubwolke über seinem Haupte hängt.[11]

Es ist Sisyphos' Kenntnis der Natur des Zeus, die ihn zu dieser immerwährenden Leistung anspannen läßt. Die von mir zitierte Darstellung identifiziert den Stein des Sisyphos ausdrücklich mit Zeus.
Dieselbe Schlußfolgerung kann, nach Robert von Ranke-Graves, aus einer anderen Überlieferung gewonnen werden:

Der »tückische Stein« des Sisyphos (war) ursprünglich eine Sonnenscheibe; der Hügel ist das Gewölbe des Himmels, ein bekanntes Bild. Das Bestehen eines korinthischen Sonnenkultes ist gut dokumentiert: Es wird gesagt, daß erst Helios und dann Aphrodite in der Akropolis herrschten, wo sie einen Tempel zwischen sich teilten (Pausanias II,4,7). Außerdem wird im Tartaros Sisyphos stets neben Ixion gesetzt; Ixions Feuerrad ist ein Symbol der Sonne.[12]

Zeus und Helios sind alternierende Symbole für die Gottheit. In jedem Fall ist der sterbliche Sisyphos mit einer Aufgabe belastet jenseits seines Vermögens, diese je vollenden zu können. Weil Sisyphos Gott geschaut hat, wird er zum Träger göttlicher Bürde. Er sah Zeus als Räuber und Vergewaltiger, und es war diese Einsicht in die göttliche Finsternis, welche ihm die unerträgliche Last aufbürdete. Sisyphos' Bewußtheit von Gott hatte die Wirkung einer Inkarnation. Als Beweger der Sonne beteiligt sich Sisyphos an der Arbeit des Schöpfers, das Licht hervorzubringen. Gott ist in Sisyphos inkarniert, welcher mitten in seiner Tortur an der Transformation Gottes teilhat. Er verstärkt das Licht (rollt die Sonnenscheibe), indem er die Finsternis Gottes in seinem Bewußtsein trägt.

Die Transformation Gottes ist auch das Geheimnis und der wesentliche Sinn der Alchemie. Die *prima materia,* welche durch den alchemistischen Prozeß in den Stein der Weisen umgewandelt werden mußte, wurde manchmal ausdrücklich mit Gott identifiziert.[13] Ein Gelegenheitstraktat zieht sogar eine Parallele zwischen der alchemistischen Wandlung und der Passion Christi, wie in diesem hervorragenden Textbeispiel:

Die Philosophen haben diese Putrefaction (Faulung) wegen ihrer schwarzen Farbe das Rabenhaupt genannt. So hatte auch Christus selber (Jes 53) ›weder Gestalt noch Schönheit‹, der Verächtlichste von allen, voll Schmerzen und Krankheit, und so verachtet war er, daß man das Angesicht vor ihm verbarg und ihn überhaupt für nichts erachtete. Ja sogar war er, wie er selbst Ps 22 [Vulgata] klagt, ›ein Wurm und kein Mensch‹, ein Spott der Menschen und die Verachtung des Volkes. So wird auch jenes (Rabenhaupt) nicht unpassenderweise mit Christus verglichen, wenn jener zersetzte Körper des Sol, eine Zeitlang, der Asche gleich, am Grunde des Gefäßes . . . tot daliegt, bis dessen Seele infolge des stärkeren Feuers sich tropfenweise und allmählich wieder herniedersenkt und den sich zersetzenden und toten Körper gleichsam durchdringt, befeuchtet, tränkt und vor gänzlicher Zerstörung bewahrt. So geschah es auch Christus selber, als er am Ölberg und am Kreuze durch das Feuer des göttlichen Zornes (Matth 26 und 27) gequält, klagte, von seinem himmlischen Vater ganz und gar verlassen zu sein und trotzdem immer erfrischt und gestärkt (Matth 4, Luc 22) und gleichsam von göttlichem Nektar durchdrungen, befeuchtet und getränkt war. Ja sogar während ihm zuletzt die Kräfte in seiner heiligsten Passion und inmitten des Todes, zusammen mit dem Geiste selbst, ganz und gar genommen werden, und er geradewegs zu den unteren und tiefsten Örtern der Erde gelangte (Ap Gesch. 1, Eph 1,

I. Petr 3), wurde er dennoch bewahrt, erfrischt durch die Kraft und Macht der ewigen Gottheit, wiederum aufgerichtet, belebt und verherrlicht (Röm 14); wobei dann schließlich der Geist eine vollkommene, unauflösliche Einigung mit seinem im Grab abgeschiedenen Körper erlangt hat und durch eine freudigste Auferstehung und einen siegreichen Aufstieg zum Himmel, zum Herrn und Christus (Matth 28) und zur Rechten seines Vaters (Marc. 16) erhöht worden ist. Mit ihm regiert und herrscht er nun über alles vermöge der Wirksamkeit und Kraft des Heiligen Geistes mit gleicher Macht und Gloria wie der wahre Gott und Mensch. Durch sein mächtiges Wort (Ps 8) erhält und trägt er alles (Hebr. 1), ja er belebt sogar alle Wesen (Ap Gesch. 17). Diese wunderbare Einigung sowohl wie göttliche Erhöhung kann weder im Himmel noch auf Erden, ja sogar unter der Erde (Phil 2, I. Petr 1) von Engeln und Menschen ohne Schrecken und Zittern nicht erfaßt und viel weniger betrachtet werden. Ihre (der Einigung) Kraft, Macht und rosenfarbene Tinktur kann uns unvollkommene Menschen und Sünder jetzt auch im Körper und in der Seele verändern, tingieren und in mehr als vollkommener Weise heilen und gesund machen ... Wir haben also jetzt den himmlischen Grund- und Eckstein Jesum Christum ... betrachtet (um zu verstehen), *auf was für eine Art Er mit dem irdischen Stein der Weisen verglichen und zu Einem gemacht wird; seine Materie und Behandlung ist ... ein hervorragendes Symbol und ein lebendiges Bild der Fleischwerdung Christi.*[14]

Es ist Kenntnis davon zu nehmen, daß dieser Text die Herstellung des Steins der Weisen mit der Inkarnation Gottes in Christus gleichsetzt. Von hier ist es nur noch ein Schritt zur Gleichsetzung von Individuation und göttlicher Inkarnation. Der zitierte Abschnitt verbindet die alchemistische Prozedur mit dem qualvollen Martyrium Christi. Wir haben bereits vermerkt, daß Tantalus und Sisyphos, als Konsequenz ihrer Gotteserkenntnis, Qualen durchstanden. Ein weiteres Beispiel einer Verbindung von Tortur und Transformation findet sich in den *Visionen des Zosimos,* ein Werk früher griechischer Alchemie, welches Jung besprochen hat. In diesen Visionen ist der alchemistische Transformationsprozeß als menschliche Tortur dargestellt. In einem Traum begegnet Zosimos einer Gestalt, die zu ihm wie folgt spricht:

»Ich bin Ion, der Priester der innersten verborgenen Heiligtümer, und ich unterziehe mich einer unerträglichen Strafe. Denn es kam einer um die Morgenfrühe in eilendem Laufe, der überwältigte mich und zerteilte mich mit dem Schwert, indem er mich durchbohrte, und zerriß mich entsprechend der Zusammensetzung der Harmonie. Und er zog die Haut meines Kopfes ab mit dem Schwert, das von ihm mit Macht gehandhabt wurde, und er fügte die Knochen mit den Fleischstücken zusammen und verbrannte das Ganze der Kunst entsprechend auf dem Feuer, bis ich wahrnahm, wie mein Körper verwandelt und zu Geist wurde. Und dieses ist meine erträgliche Qual.« Und wie er mir dies erklärte und ich ihn mit Gewalt zwang, mir Rede zu stehen, da geschah es, daß seine Augen wurden wie Blut. Und er spie all sein eigenes Fleisch aus. Und ich sah, wie er sich in einen verstümmelten Homunculus . . ., in seine eigene Umkehrung verwandelte. Und mit seinen eigenen Zähnen zerfleischte er sich und sank in sich zusammen.[15]

Andere Symbole in diesem Text beinhalten Kochen, Verbrennen und Zerstückeln zum Zwecke der Umwandlung von »Körper in Geist«, um »die Augen sehend zu machen und die Toten auferstehen zu lassen«. Ich beziehe mich auf diesen gräßlichen Text, weil er eine alchemistische Parallele zu den gemarterten Gestalten der griechischen Mythen darstellt, und auch weil Jung uns einen klaren Kommentar zum Sinn der Folter-Träume des Zosimos gibt:

Die Dramatisierung zeigt, wie der göttliche Prozeß sich in der Reichweite menschlicher Auffassung offenbart, und wie der Mensch göttliche Wandlung erfährt, nämlich als Strafe, Qual, Tod und Verwandlung. Der Träumer beschreibt, wie ein Mensch sich benehmen und was er erfahren würde, wenn er in den göttlichen Kreislauf von Tod und Geburt hineingeriete, oder in welcher Art und Weise der *deus absconditus* menschliches Wesen in Mitleidenschaft ziehen würde, wenn es einem Sterblichen gelänge, den »Wächter der Geister« aus seiner dunkeln Behausung durch die »Kunst« zu befreien.[16]

Jung war solch ein Sterblicher, dem es durch seine Kunst gelang, den Wächter der Geister aus seiner dunkeln Behausung zu befreien, und er durchlitt die Qual jenes Werkes. Wie bereits erwähnt, antwortete Jung auf die Frage, »wie er mit dem Wissen, das er in *Antwort auf Hiob* aufschrieb, leben könne: ›Ich setze mich in meine tiefste Hölle, und dort kann ich nicht mehr tiefer fallen!‹«[17]
Meine Aufmerksamkeit wurde auf einen Traum gelenkt, der für unser Thema relevant ist. Ihn träumte eine Frau, die später Jungsche Analytikerin wurde:

Ein Junge stiehlt Geheimnisse aus seines Vaters Laboratorium. Dabei ist er ruhig und todernst. Das Laboratorium ist im Halbdunkel, aber der Junge weiß, wohin er zu gehen hat, um zu finden, was er wünscht. Der Vater entdeckt den Jungen und bestraft ihn, indem er ihn lebendig begräbt. Der Vater setzt sich dann neben das Grab und erwartet die Zeit, da der Junge aus seinem Grab in der Erde herausgelassen werden kann. (Dies ereignet sich in einer Art dunklen Mondlandschaft.) Der Vater gestattet nur, von hinten gesehen zu werden. Man kann nicht ins Gesicht des Vaters blicken.
Der Sohn ist nun exhumiert und sitzt in einem halbdunklen Raum an einem Schreibtisch. Er hat dunkle Ringe unter seinen Augen, und sein junges Gesicht ist erschöpft und müde; er sieht weit älter aus, als er ist. Zwischen Vater und Sohn besteht eine seltsame Verbindung. Es ist, als ob sich dieses Drama von Stehlen und Beerdigung schon sehr viele Male ereignet hat. Es scheint für den Vater genauso schwer zu sein wie für den Sohn. Jeder von ihnen weiß, daß es sich wieder ereignen wird. Jeder hat es zu erdulden.

Dieser Traum ist eine interessante Kombination der Themen von Prometheus, Christus und moderner Wissenschaft. Wie Prometheus stiehlt der Sohn im Traum Geheimnisse vom

Vater; wie Christus wird er mit Beerdigung bestraft und aufersteht er danach; und wie bei einem modernen Wissenschaftler ereignet sich der Diebstahl der Geheimnisse der Natur in einem Laboratorium, d. h. mittels einer empirischen Einstellung.

Das Symbol des Prometheus, wie er das göttliche Feuer zum Nutzen der Menschen stiehlt und dafür die ewige Strafe erduldet, an den Felsen gekettet und dem Adler des Zeus ausgesetzt zu sein, der täglich von seiner Leber frißt, ist zentral für den Unternehmungsgeist westlichen Bewußtseins. Prometheus kam wie Tantalos und Sisyphos in den Besitz göttlicher Geheimnisse. Im Gegensatz zu Tantalos und Sisyphos war Prometheus' Errungenschaft von Geheimwissen vorsätzlich und kündet von der Eigenwilligkeit des Ich im Ringen um Bewußtsein.

Zur Zeit der Entstehung des Prometheusmythos – vielleicht vor viertausend Jahren – wurde die Übernahme göttlicher Last als Verbrechen gegen Gott aufgefaßt. Heute nun wird es für den modernen Menschen möglich, sich dem Einströmen des Göttlichen zu öffnen, um Gott zu dienen statt von ihm zu stehlen. So schreibt Jung in einem Brief:

> Kann der Mensch einen weiteren Zuwachs an Bewußtheit ertragen? Lohnt es sich wirklich, daß die Menschheit sich moralisch und geistig entwickelt? (Ist dies wirklich der Anstrengung wert? Das ist die Frage ...) Ich gestehe, daß ich mich der göttlichen Kraft dieses scheinbar unübersteigbaren Problems unterwarf und daß ich bewußt und absichtlich mein Leben elend gemacht habe, weil ich wollte, daß Gott lebe und daß er frei sei von dem Leiden, das der Mensch ihm aufgezwungen hat, indem er seinen eigenen Willen mehr liebte als Gottes geheimnisvolle Absichten.[18]

Diese Aussage Jungs würde Prometheus' Entscheidung entsprechen, das Feuer nicht für den Nutzen der Menschen zu stehlen, sondern weil Zeus unter dem drückenden Gewicht zu vielen Feuers leidet und menschliche Mitarbeit braucht, um die quälende Last tragen zu können. Dies ist tatsächlich Jungs Vision von der Natur der Dinge. Wie er in dem Brief an Elined Kotschnig sagt, »kann damit gerechnet werden, daß wir Spähren eines bisher noch nicht gewandelten Gottes berühren, wenn unser Bewußtsein sich in den Bereich des Unbewußten auszudehnen beginnt.«[19] Da es des Menschen Aufgabe ist, immer bewußter zu werden[20], ist er zur Teilnahme im göttlichen Drama der Transformation Gottes aufgerufen.

Der Traum betrifft das Thema der Transformation Gottes. Vater und Sohn verweisen auf Gott und Mensch oder Selbst und Ich. Das Laboratorium des Vaters ist die Welt innen und außen – die Welt als Natur und die Welt als Geschichte. Der Sohn ist menschliches, vom individuellen Ich getragenes Bewußtsein, welches die Welt zum Objekt der Erkenntnis machen muß, d. h. göttliche Geheimnisse stehlen. Daraus resultiert Bestrafung, d. h. diese Handlung begleitender Schmerz.

Das Symbol des in der Erde Begrabenwerdens erinnert an den gnostischen Mythos vom Absturz der Sophia in die Materie, wobei Licht die Dunkelheit durchdringt. Es ist ein Symbol der *coagulatio,*[21] das auf den Prozeß der Inkarnation deutet. Der transpersonale, archetypische Faktor nimmt Erdhaftigkeit an und wird in Fleisch eingeschlossen, d. h. er manifestiert sich in einem individuellen Ich. So wie Prometheus an die Erde fixiert ist, indem er an den Felsen geschmiedet ist, so ist in dem Traum der Sohn in der Erde begraben. Erfahrungsgemäß verweist dies darauf, daß jede neue bewußte Einsicht neue Verantwortung mit sich bringt, die einen niederdrückt. Bewußtheit ist deprimierend, sie begräbt einen in der Erde. Nietzsche gibt dieser Tatsache in seinem Gedicht »Zwischen Raubvögeln« Ausdruck:

. . . in dich selber eingehöhlt,
dich selber angrabend,
unbehilflich,
steif,
ein Leichnam –,
von hundert Lasten übertürmt,
von dir überlastet,
ein Wissender!
ein Selbsterkenner!
der weise Zarathustra! . . .
Du suchtest die schwerste Last:
da fandest du dich – . . .[22]

Wie Jung sagt, »was (immer) der Held . . . als schwere Last trägt, ist *er selber,* oder, genauer gesagt, *sein* Selbst, seine Ganzheit, ebensosehr Gott wie Tier, nicht nur empirischer Mensch, sondern die Fülle seines Wesens, die in der Tiernatur wurzelt und über das Nurmenschliche in die Göttlichkeit hinaufreicht.«[23]

Deshalb wird im obigen Traum nach jedem Diebstahl eines Geheimnisses (Zunahme an Bewußtsein) der Sohn in der Erde begraben (niedergedrückt durch die Last der Verantwortung, welche das neue Bewußtsein aufzwingt). Der Traum sagt, daß dies ein notwendiger und sich wiederholender Prozeß ist. Vater und Sohn sind Teile eines fortdauernden zyklischen Dramas von Diebstahl, Begräbnis und Auferstehung. Der Zweck dieser Reihenfolge ist die progressive Übermittlung und Verwirklichung von latentem Bewußtsein und von Verantwortung vom Vater zum Sohn, was einer Inkarnation Gottes im menschlichen Ich entspricht. Vom autonomen Trieb zur Individuation (der Heilige Geist) motiviert, muß das Ich danach streben, das Selbst zu erkennen und es bewußt zu verwirklichen. Wie Jung sagt: »(Individuation) . . . heißt praktisch, daß er (der Mensch) erwachsen wird, verantwortlich für seine Existenz, wissend, daß nicht nur er von Gott abhängt, sondern daß Gott auch vom Menschen abhängt.«[24]

Im Buch Hiob sagt Jahwe: »Siehe da den Behemoth, ... er ist der Anfang der Wege Gottes.« (Hiob 40,15 u. 19) Und wieder: »Kannst du den Leviathan am Angelhaken herausziehen? Meinst du, die Genossen werden ein Festmahl aus ihm machen?« (Hiob 40,30). Behemoth und Leviathan repräsentieren die primordiale Psyche, das was Jung als »den noch nicht transformierten Gott« bezeichnet. Nach der jüdischen Legende wird das Fleisch des Behemoth und des Leviathan beim messianischen Festmahl serviert werden! Eine Midrasch sagt:

In jener Stunde wird der Heilige Eine, gesegnet sei Er, Tische aufstellen und schlachten Behemoth und Leviathan ... und aus ihnen ein großes Festmahl für die Frommen zubereiten ... Und der Heilige Eine, gesegnet sei Er, wird ihnen Wein mitbringen, der in seinen Trauben seit den sechs Tagen der Schöpfung aufbewahrt wurde ... Und er wird alle die vorzüglichen Dinge des Gartens Eden mit sich bringen.[25]

Das messianische Zeitalter bezeichnet psychologisch das Kommen des Selbst, das Erlangen der Individuation. Wie die Legende es audrückt, wird die primordiale Psyche Nahrung für die Frommen werden. Mit anderen Worten, sie wird transformiert und humanisiert werden, indem sie unter der Führung durch das Selbst vom Ich *assimiliert* wird. Ein anderes Symbol der Meisterung des Leviathan findet sich in gewissen mittelalterlichen Abbildungen, welche Christus am Kreuz als Köder an Gottes Angelrute zeigt (s. Abb. S. 121), der den Leviathan einfängt.[26] Dies ist ein weiteres Symbol des »frommen« Ich, welches sich, wie Christus, willentlich der primordialen Psyche zum Zwecke ihrer Transformation aussetzt. Solch ein Ich erlebt die Individuation und ist ein Beispiel kontinuierlicher Inkarnation.
Ein anderer für unser Thema relevanter Traum ist der einer Malerin, die in dem Prozeß stand, sich ganz ihrer Begabung anzuvertrauen:

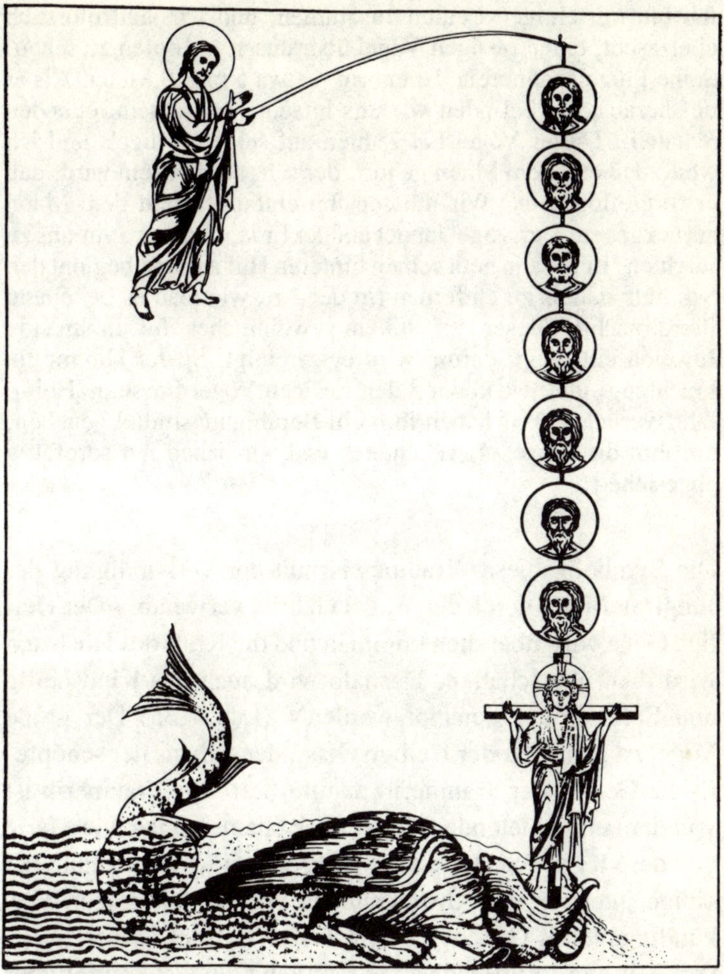

Mittelalterliche Darstellung von Christus am Kreuz als Köder an der Angel Gottes, die den Leviathan fängt.
(Aus: C. G. Jung, *Psychologie und Alchemie,* Ges. Werke Bd. 12, Abb. 28.)

Ich bin mit einigen Leuten zusammen, und wir sind plötzlich überrascht, einen riesigen Vogel über unseren Köpfen zu sehen. Seine Flügelspannbreite ist enorm – etwa 5 bis 10 Meter. Als er tief herabstößt, befinden wir uns in seinem furchteinflößenden Schatten. Dieser Vogel hat Zahlen auf seinem Flügel, und ich weiß, daß er einem Mann gehört, der sehr betrübt sein wird, daß er fortgeflogen ist. Wir müssen ihn einfangen und dem Mann zurückgeben. Der Vogel landet auf der Erde, ohne sich vor uns zu fürchten. Ein Mann hebt seinen hinteren Huf auf und beginnt den Schmutz daraus zu entfernen (in der Art, wie man es bei einem Pferd macht). Dieser Huf ist kein gewöhnlicher Huf, in ihn sind Juwelen eingelegt; darum wird er gereinigt. Später kommt ein Frachtzug, und wir können den riesigen Vogel für seine Heimfahrt verladen. Wir haben ihm ein Beruhigungsmittel gegeben, um ihm die Reise zu erleichtern, und wir haben ihn sorgfältig abgesichert.

Die Symbolik dieses Traumes ist mit der Verkündigung der Jungfrau Maria durch den Engel Gabriel verwandt. »Der Heilige Geist wird über dich kommen und die Kraft des Höchsten wird dich überschatten. Deshalb wird auch das Kind heilig und Sohn Gottes genannt werden.« (Luk 1,35) Der große Vogel ist ganz klar der Heilige Geist, der sich als der schöpferische Genius der Träumerin manifestiert. Die Träumerin ist von dem ehrgebietenden Vogel überschattet genau wie Maria von der »Kraft des Höchsten« überschattet ist. Der Traum hat einige interressante Abweichungen von der biblischen Verkündigung. Im Gegensatz zum Engel Gabriel ist der Vogel verloren und sein Besitzer (vermutlich Gott) ist betrübt über seine Abwesenheit. Unter diesen Umständen ist menschliche Hilfe notwendig, um den Vogel wieder einzufangen und ihn in sein Heim zurückzubringen.
Dieser Traum hat kollektive wie auch personale Bedeutung. Der Heilige Geist, der autonome transpersonale Geist, der den Menschen mit Gott verbindet, ist dem modernen Menschen

verloren gegangen. Wie die gnostische Sophia ist er in die Dunkelheit der Materie gefallen. Dies erklärt das Symbol des großen Vogels, welcher der Hilfe bedarf. Wie ein Mitglied einer bedrohten Spezies muß er eingefangen, zurückgehalten, beruhigt und zu einem günstigeren Wohnort gebracht werden. Eingeschläfert und im sterblichen Fleisch gefangen, wird der Heilige Geist an sein Ziel getragen. Der Traum kehrt die übliche Symbolik um, in welcher der autonome Geist der aktive Führer und die Inspiration des Menschen ist. Er bringt eine moderne Abweichung der traditionellen Thematik ins Spiel. Der Heilige Geist, der während seines Abstiegs in die Materie seinen sakralen Begriffsinhalt verloren hat, muß nun durch das bewußte Ich gerettet und seine rechtmäßige Verbindung mit Gott wiederhergestellt werden.

Ein späterer Traum derselben Frau enthüllt noch eine andere Seite des Inkarnationsphänomens:

Ich stehe mit einem Mann in einer Stadt im Freien. Wir hören plötzlich eine enorme Explosion von einem Bauplatz ein paar Häuserblöcke weit entfernt. Ein riesiger schwarzer Metallring ist von der Druckwelle in den Himmel emporgeschleudert worden und kommt jetzt im Sturzflug zurück. Er ist so groß, daß ich weiß, wo immer er landet, wird sein Aufprall viele Menschen töten. Wir hören das schreckliche Krachen und ich weine, weil ich diese plötzliche Tragödie fühle.

Auch dies kann als ein kollektiver Traum angesehen werden. Das explosive Erscheinen des großen, schwarzen Ringes repräsentiert ein kollektives Phänomen, das wir zur Zeit laufend beobachten, nämlich die Geburt des dunklen Selbst aus den weltlichen Anstrengungen des Menschen. Unsere Zeit ist eine Zeit großer Verheißung, aber auch eine Zeit großer Gefahr. Wie der Traum aufzeigt, ist die Nähe zu so einem explosiven Geschehen gefährlich. Man könnte unter dem Rad des Moloch zermalmt werden. Die Gefahr ist um so größer, je naiver man psychologisch ist. Für uns ist wahrscheinlich eine adäquate Kenntnis der Psyche eine Sache von Leben und Tod. Wenn der neu entstehende Gott, der im Menschen geboren werden möchte, nicht humanisiert und von einer ausreichenden Anzahl bewußter Individuen transformiert wird, kann sein Dunkelaspekt uns zerstören.

In dem Maße, wie einem Menschen nach dem anderen allmählich bewußt wird, daß die Transformation Gottes nicht einfach eine interessante Idee ist, sondern eine lebendige Wirklichkeit, könnte sie als ein neuer Mythos zu funktionieren beginnen. Wer immer diesen Mythos als seine eigene persönliche Wirklichkeit anerkennt, wird sein Leben in den Dienst dieses Prozesses stellen. Solch ein Mensch bietet sich als ein Gefäß für die Inkarnation der Gottheit dar und fördert damit die laufende Transformation Gottes, indem er Ihm menschliche Manifestation ermöglicht. Solch ein Mensch wird sein Leben als sinnvoll erfahren und wird ein Beispiel für Jungs Aussage sein: »Durch die Einwohnung der dritten göttlichen Person im Menschen, nämlich des Heiligen Geistes, entsteht eine Christifikation Vieler.«[27]

Die griechische Inschrift des »Steins« (s. Abb. S. 125) lautet deutsch: »Die Zeit ist ein Kind – spielend wie ein Kind – ein Brettspiel spielend – das Königreich des Kindes. Dies ist Telesphorus, der durch die dunklen Regionen dieses Kosmos wandert und wie ein Stern aus der Tiefe aufleuchtet. Er weist den Weg zu den Toren der Sonne und zum Land der Träume.« (Nach: Aniela Jaffé, *C. G. Jung – Bild und Wort*. Olten/Freiburg, 1977, S. 198 f.)

ὁ αιων παις εστι παιζων
πεττευων παιδος ἡ βασιληιη
τελεσφορος διελαυνων τους
σκοτεινους του κοσμου τοπους
και ὡς αστηρ αναλαμπων εκ
του βαθους ὁδηγει παρ᾽
ἡελιοιο πυλας και δημον
ονειρων

Der »Stein« auf Jungs Grundstück in Bollingen, Vorderseite.
(Transkription: Edward F. Edinger.)

Anmerkungen

Zu 1 Der neue Mythos

[1] W. B. Yeats, *Ausgewählte Gedichte,* Hrsg. Stefan Andres, Luchterhand, Neuwied–Berlin, 1970, S. 148.
[2] Max Zeller, »The Task of the Analyst, »*Psychological Perspectives,* (Spring 1975), p. 75.
[3] Spätere erweiterte und umgearbeitete Auflage »*Symbole der Wandlung*«, Ges. Werke 5 (Gesammelte Werke von C. G. Jung, Walter-Verlag, 1976).
[4] C. G. Jung, *Erinnerungen, Träume, Gedanken,* Rascher, Zürich 1962, (im folgenden *Erinnerungen*), S. 174.
[5] Ebd., S. 196.
[6] Ebd., S. 179–184.
[7] William James, *Essays of Faith and Morals,* (New York: Longmans Green & Co., 1947), pp. 311 ff.
[8] Jung, *Erinnerungen,* S. 293–301.
[9] Barbara Hannah, *C. G. Jung, Sein Leben und Werk,* Bonz Verlag, 1982, S. 353.
[10] Jung, *Erinnerungen,* S. 255.
[11] Ebd. S. 259–260.
[12] C. G. Jung, *Zur Psychologie westlicher und östlicher Religion,* Ges. Werke 11, S. 400.
[13] Ebd., S. 420.
[14] Jung, *Erinnerungen,* S. 329.
[15] Ebd. S. 341.
[16] C. G. Jung, *Mysterium Coniunctionis,* Ges. Werke 14/III, Ergänzungsband »*Aurora Consurgens*« von Marie-Louise von Franz, S. 125.
[17] C. G. Jung, *Das symbolische Leben,* Ges. Werke 18, S. 811.
[18] Hans Jonas, *Die mythologische Gnosis,* Vandenhoek & Ruprecht, Göttingen, 1954, S. 306.
[19] Gershom Scholem, *Zur Kabbala und ihrer Symbolik,* Rhein-Verlag, Zürich, 1960.
[20] Esther Harding, *Das Geheimnis der Seele,* Rhein-Verlag, S. 471–472.
[21] A. E. Waite, ed., *The Turba Philosophorum* (London: William Rider and Son, Ltd., 1914) Dictum 42, p. 134.

[22] Zitiert in C. G. Jung, *Mysterium Coniunctionis,* Ges. Werke 14/I, S. 32 und 298.

[23] Siehe Jungs Aufsatz, *Versuch einer psychologischen Deutung des Trinitätsdogmas,* in *Zur Psychologie westlicher und östlicher Religion,* Ges. Werke 11, S. 202–204.

[24] Jung, *Zur Psychologie westlicher und östlicher Religion,* Ges. Werke 11, S. 463.

[25] Weitere Ausführungen dieser Idee, siehe Edward F. Edinger, *Ego and Archetype* (New York: G. P. Putnam's Sons, 1972), p. 243. – Deutsche Ausgabe in Vorbereitung (München: Kösel 1987).

[26] C. G. Jungs, *Praxis der Psychotherapie,* Ges. Werke 16, S. 249.

[27] James Breasted, *Geschichte Ägyptens,* Hrsg. Hermann Ranke, Phaidon Verlag, Zürich, 1936, S. 54.

[28] James Breasted, *Development of Religion and Thought in Ancient Egypt* (New York: Harper Torch Books, 1959), p. 136.

[29] Jung, *Erinnerungen,* S. 294.

[30] Edinger, *Ego and Archetype,* pp. 218–219.

[31] A. Boudinon, »Indulgences«, *Encyclopedia of Religion and Ethics,* ed. James Hastings (New York: Charles Scribner's Sons, 1922), VII, pp. 253–254.

[32] John Milton, »Areopagitica«, *Complete Poems and Major Prose,* ed. Merritt Y. Hughes (New York: Odyssey Press, 1957), p. 720.

[33] Hannah, *Jung, Sein Leben und Werk,* S. 432.

[34] Jung, *Zivilisation im Übergang,* Ges. Werke 10, S. 355.

[35] Jung, *Zur Psychologie westlicher und östlicher Religion,* Ges. Werke 11, S. 447.

[36] Jung, *Erinnerungen,* S. 341.

[37] Für die Erlaubnis, diese Vision zu zitieren, bin ich A. O. Howell zu Dank verpflichtet.

Zu 2 Der Sinn des Bewußtwerdens

[1] Dagobert D. Runes, ed., *Dictionary of Philosophy* (New York: Philosophical Library, 1960), p. 64.

[2] C. G. Jung, *Psychologische Typen,* Ges. Werke 6, S. 451.

[3] Erich Neumann, *Ursprungsgeschichte des Bewußtseins,* Rascher Verlag, Zürich, 1949, S. 119.

[4] Arthur Schopenhauer, *Die Welt als Wille und Vorstellung,* Werner Classen Verlag, Zürich, 1948, S. 84–85.

[5] Edgar Hennecke, *Neutestamentliche Apokryphen,* Hrsg. Wilhelm

Schneemelcher, II. Bd., J. C. B. Mohr (Paul Siebeck), Tübingen, 1971, S. 158–159.

[6] Ebd., S. 155.

[7] Ebd., S. 155.

[8] C. G. Jung, *Erinnerungen,* S. 181.

[9] William Shakespeare, *Hamlet,* 3. Aufzug, 2. Szene.

[10] Friedrich Schiller, Sämtliche Werke, Bd. II, *Die Braut von Messina: Über den Gebrauch des Chors,* Carl Hanser Verlag, München, 1974. S. 816–817.

[11] Friedrich Nietzsche, *Die Geburt der Tragödie,* E. W. Tritzsch, Leipzig, S. 110–111.

[12] C. G. Jung, *Briefe,* Walter-Verlag, Olten, 1972, Bd. I, S. 53.

[13] R. T. Rundle Clark, *Myth and Symbol in Ancient Egypt,* (New York: Groves Press, 1960), pp. 220–221.

[14] C. G. Jung, *Mysterium Coniunctionis,* CW 14, par. 46, (dieser Passus ist in der deutschen Ausgabe nicht enthalten).

[15] C. G. Jung, *Die Dynamik des Unbewußten,* Ges. Werke 8, S. 226.

[16] Clark, *Myth and Symbol,* p. 221.

[17] Jung, *Erinnerungen,* S. 18–19.

[18] »Adam erkannte Eva, seine Frau; sie wurde schwanger und gebar Kain . . « (1. Mose 4,1)

[19] Man sagte, die Menschheit sei aus den Tränen des Auges hervorgegangen. Vgl. das »Geburt-aus-dem-Auge«-Motiv bei einem Fall, welcher von Esther Harding berichtet wird in *The Parental Image* (New York: G. P. Putnam's Sons, 1965), figs. 17, 18, 19.

[20] Clark, *Myth and Symbol,* pp. 181–182.

[21] Eckhart sagt: »Das Auge, in dem ich Gott sehe, das ist dasselbe Auge, darin mich Gott sieht; mein Auge und Gottes Auge, das ist ein Auge und ein Sehen und ein Erkennen und ein Lieben.« *Meister Eckhart, Die deutschen Werke,* Bd. I, (Hrsg. Josef Quint), Verlag W. Kohlhammer, Stuttgart, 1976, S. 440.

[22] C. G. Jung, *Die Archetypen und das kollektive Unbewußte,* Ges. Werke 9/I, S. 135.

[23] Alain Daniélou, *Hindu Polytheism* (New York: Pantheon Books, 1943), p. 214.

[24] Jakob Böhme, übers. nach *Personal Christianity.* The Doctrines of Jacob Böhme, ed. Franz Hartmann (New York: Frederich Ungar. Publishing Co., 1960), p. 48.

[25] C. G. Jung, *Zur Psychologie westlicher und östlicher Religion,* Ges. Werke 11, S. 402.

[26] J. E. Cirlot, ed., *A Dictionary of Symbols* (New York: *Philosophical Library,* 1962), p. 96.

[27] Jung, *Zur Psychologie westlicher und östlicher Religion,* Ges. Werke 11, S. 400.
[28] Ebd., S. 433–434.
[29] Meister Eckhart, *Die deutschen Werke,* Bd. III, S. 562.
[30] Ebd., S. 563–564.
[31] C. G. Jung, *Aion,* Ges. Werke 9/II, S. 207–208.
[32] Jung, *Erinnerungen,* S. 325–326.
[33] William Shakespeare, *Der Sturm,* 4. Aufzug, 1. Szene.
[34] Hans Jonas, *Die mythologische Gnosis,* Vandenhoek & Ruprecht, Göttingen, 1954, Bd. I, S. 303.
[35] Jung, *Erinnerungen,* S. 329.
[36] Jung, *Briefe,* Bd. II, S. 328. Brief vom 28. März 1953, zitiert von Aniéla Jaffé in »Phases in Jung's Life«, *Spring* 1972, p. 136.

Zu 3 Die Tiefenpsychologie als der neue Weg

[1] »Ich war im Frühjahr von meiner Leber geplagt, mußte öfters zu Bett liegen und dann in dieser Misere drin noch ein kleines Essay schreiben (ca. 100 Druckseiten).« Brief vom 30. August 1951, C. G. Jung, *Briefe,* Bd. II, S. 228.
[2] In einem Brief vom 29. 5. 51 sagt er: »Auf diese Weise ist auch der große Walfisch gelandet.« Ebd., S. 223.
[3] Ebd., S. 226–227.
[4] Ebd., S. 332.
[5] Ebd., S. 328.
[6] Marie-Louise von Franz, *C. G. Jung, Sein Mythos in unserer Zeit,* Verlag Huber, Frauenfeld, 1972, S. 199.
[7] Jung, *Briefe,* Bd. II, S. 335.
[8] C. G. Jung, *Zur Psychologie westlicher und östlicher Religion,* Ges. Werke 11, S. 476–477.
[9] Ebd., S. 97.
[10] Jung, *Briefe,* Bd. II, S. 427.
[11] Jung, »Psychologie und Religion«, in *Zur Psychologie westlicher und östlicher Religion,* Ges. Werke 11, S. 97.
[12] Ebd., S. 98.
[13] Ebd., S. 485.
[14] Ebd., S. 497.
[15] Ebd., Nachwort, S. 505–506.
[16] Ebd., S. 504.
[17] von Franz, *C. G. Jung,* S. 216.

[18] C. G. Jung, *The Visions Seminars* (Zürich: Spring Publications, 1976), p. 391.
[19] Jung, *Briefe*, Bd. III, S. 176–177.
[20] Jung, *Zur Psychologie westlicher und östlicher Religion*, Ges. Werke 11, S. 502–503.
[21] *Good Housekeeping* magazine, December 1961.
[22] Jung, *Zur Psychologie westlicher und östlicher Religion*, Ges. Werke 11, S. 431.
[23] Jung, *Briefe*, Bd. II, S. 241.
[24] Jung, *The Visions Seminars*. Privat ausgegebene stenografische Notizen (unveröffentlicht). Teil VII (Herbst 1932), S. 16. Dieser Passus ist in der zweibändigen von Spring Publications veröffentlichten Version nicht enthalten (s. oben, Anmerkung 18).
[25] Jung, *Zur Psychologie westlicher und östlicher Religion*, Ges. Werke 11, S. 404
[26] Ebd., S. 411.
[27] Ebd., S. 420.
[28] Ebd., S. 459.
[29] Rivkah Kluger, *Die Gestalt des Satans im Alten Testament*, (Abhandlung zur Erlangung der Doktorwürde der Philosophischen Fakultät I der Universität Zürich, 1948), S. 144–145.
[30] Jung, *Zur Psychologie westlicher und östlicher Religion*, Ges. Werke 11, S. 406.
[31] Jung, *Aion*, Ges. Werke 9/II, S. 274. In einem Brief an James Kirsch sagt Jung: »Dem Modell des Selbst im Aion liegt die Ezechielvision zugrunde.« Jung, *Briefe*, Bd. II, S. 335.
[32] Gershom Scholem, *Von der mystischen Gestalt der Gottheit*, Rhein-Verlag, Zürich, 1962, und Suhrkamp stw 209, Frft., 1977, S. 12.
[33] Jung, *Zur Psychologie westlicher und östlicher Religion*, Ges. Werke 11, S. 451.
[34] Ebd., S. 451–452.
[35] Ebd., S. 459.
[36] Hans Jonas, *Die mythologische Gnosis*, Vandenhoek & Ruprecht, Göttingen, 1954, S. 230 (Irenäus 30,6), S. 382–383.
[37] Ebd., S. 383.
[38] Jung, The Visions Seminars, p. 391.
[39] Zitiert von Aniela Jaffé, *Der Mythus vom Sinn im Werk von C. G. Jung*, Rascher Paperback, Zürich, 1967, S. 182.
[40] Jung, *Briefe*, Bd. III, S. 240–241.
[41] *Journal of Analytical Psychology*, 4 (January 1959), pp. 77ff.
[42] Jung, *Briefe*, Bd. III, S. 287–288. Siehe eine freimütigere Stellungnahme in *Quadrant*, 8 (Winter 1975), S. 17ff.

[43] Jung, *The Visions Seminars,* p. 73

[44] Richard Evans, *Conversations with Carl Jung,* Insight Book (Princeton: D. Van Nostrands, 1964), p. 106.

[45] Jung, *Zur Psychologie westlicher und östlicher Religion,* Ges. Werke 11, S. 489.

[46] *Rubaijat von Omar Chajjam,* Übersetzung von Henry W. Nordmeyer, Verlag Herbert Lang, Bern 1969, Verse 80–81, S. 65–67.

[47] Jung, *Zur Psychologie westlicher und östlicher Religion,* Ges. Werke 11, S. 435.

[48] Ebd., S. 428.

[49] Jung, *Briefe,* Bd. II, S. 379.

[50] Jung, *Zur Psychologie westlicher und östlicher Religion,* Ges. Werke 11, S. 445.

[51] Jung, *Mysterium Coniunctiones,* Ges. Werke 14/II, S. 102.

[52] Jung, *Zur Psychologie westlicher und östlicher Religion,* Ges. Werke 11, S. 447.

[53] Ebd., S. 489–490.

[54] Jung, *Briefe,* Bd. II, S. 477.

[55] Weitere Ausführungen dieser Idee, siehe Edward. F. Edinger, *Ego and Archetype* (New York: G. P. Putnam's Sons, 1972 und Baltimore: Penguin Books, 1973), chapter 1.

[56] Jung, *Briefe,* Bd. III, S. 40.

[57] Siehe Kapitel 2.

[58] Dies wird oft vom bewußten Ich sehr ähnlich erfahren wie im gnostischen Mythos die Welt des Lichts die Invasion der Welt der Finsternis erfuhr. Siehe Jonas, *Die mythologische Gnosis.*

[59] Jung, *Zur Psychologie westlicher und östlicher Religion,* Ges. Werke 11, S. 490.

[60] Jung, *Zur Psychologie westlicher und östlicher Religion,* Ges. Werke 11, S. 250 (»Das Wandlungssymbol in der Messe«); siehe auch Jung, *Studien über alchemistische Vorstellungen,* Ges. Werke 13, S. 80.

[61] *The Sonnets of Michelangelo,* trans. Elizabeth Jennings (New York: Doubleday & Co., 1970), Sonnett, XXI, p. 52.

[62] Ebd., Sonnett II, p. 32.

[63] Jung, *Briefe,* Bd. III, S. 41.

Zu 4 Die Transformation Gottes

[1] C. G. Jung, *Briefe,* Bd. III, S. 43.
[2] Ebd., S. 40–41.
[3] C. G. Jung, *Zur Psychologie westlicher und östlicher Religion,* Ges. Werke 11, S. 434.
[4] J. R. Dummelow, *The One Volume Bible Commentary* (New York: Macmillan Publishing Co., 1973), p. 22.
[5] Erich Wellish, *Isaac and Oedipus* (London: Routledge & Kegan Paul, 1954), p. 70.
[6] Augustinus, *Vom Gottesstaat,* Artemis Verlag, Zürich, 1955, Bd. 2 der Werke Augustinus, S. 339.
[7] Martin Luthers Werke, Gesamtausgabe, *Tischreden,* Hermann Böhlaus Nachfolger, Weimar 1967.
[8] Robert von Ranke-Graves, *Griechische Mythologie,* Rowohlts deutsche Enzyklopädie, Bd. 2, S. 22–23.
[9] Salomon Trismosin, *Splendor Solis* (1582) (London: Kegan Paul, Tench, Trubner & Co., Ltd. rpt.; n.d.), p. 34 und Abb. XII.
[10] Jane Harrison, *Prolegomena to the Study of Greek Religion,* 3 rd ed. (Cambridge University Press, 1922), p. 608.
[11] Ranke-Graves, *Griechische Mythologie,* Bd. 1, S. 196.
[12] Ebd., S. 197.
[13] C. G. Jung, *Psychologie und Alchemie,* Ges. Werke 12, S. 369. siehe auch Jung, *Praxis der Psychotherapie,* Ges. Werke 16, S. 336, und Fußnote 26.
[14] Zitiert in C. G. Jung, *Mysterium Coniunctionis,* Ges. Werke 14/II, S. 97–98.
[15] Zitiert in C. G. Jung, *Studien über alchemistische Vorstellungen,* Ges. Werke 13, S. 68.
[16] Ebd., S. 117.
[17] Marie-Louise von Franz, *C. G. Jung, Sein Mythos in unserer Zeit,* Verlag Huber, Frauenfeld, 1972, S. 216.
[18] Zitiert von Gerhard Adler in »Aspekte von Jungs Persönlichkeit und Werk«, *Analytische Psychologie,* Separatum, 1975.
[19] Jung, *Briefe,* Bd. III, S. 40.
[20] »Die Aufgabe des Menschen ... wäre ..., sich dessen, was vom Unbewußten her andrängt, bewußt zu werden, anstatt darüber unbewußt oder damit identisch zu bleiben. In beiden Fällen würde er seiner Bestimmung, Bewußtsein zu schaffen, untreu.« C. G. Jung, *Erinnerungen,* S. 329.
[21] Edward F. Edinger, »Psychotherapie and Alchemy IV: *Coagulatio*«, *Quadrant,* 12 (Summer 1979), p. 25.

[22] Zitiert in C. G. Jung, *Symbole der Wandlung,* Ges. Werke 5, S. 388.
[23] Ebd., S. 390.
[24] Jung, *Briefe,* Bd. III, S. 42.
[25] Raphael Patai, *The Messiah Texts* (New York: Avon Books, 1979), pp. 238–239.
[26] Jung, *Psychologie and Alchemie,* Ges. Werke 12, Abb. 28.
[27] Jung, *Zur Psychologie westlicher und östlicher Religion,* Ges. Werke 11, S. 504.

Register